home coaching

KÜCHEN GESTALTEN

Edith Garrault
Fotos: Bruno Warion

FLEURUS IDEE

EPICERIE

INHALT

KÜCHENPLANUNG

VERSCHIEDENE KÜCHENTYPEN

MATERIALIEN UND AUSSTATTUNG

KÜCHEN MIT CHARAKTER

PRAKTISCHES

CORINTHIAN

DIE KÜCHE – LEBENSART PUR

Früher war die Küche ein zweckmäßiger Raum, den es am besten vor fremden Blicken zu verstecken galt und der vom Rest des Hauses abgetrennt war. Heute wird dort nicht mehr nur Essen zubereitet. Die Küche wurde zu einem gemütlichen Treffpunkt: Hier spielt sich das Familienleben ab, hier trinkt man mit Freunden ein Gläschen, hier arbeiten die Kinder für die Schule.
Eine gut gestaltete Küche ist zugleich schön, gemütlich, lässig, einladend, gesundheits- und sicherheitstechnisch einwandfrei, nimmt gern einmal den Platz des Esszimmers ein und grenzt oft direkt an das Wohnzimmer.
Egal wie groß eine Küche ist, sie muss immer zweckmäßig, robust, leicht zu pflegen und gut organisiert sein. In diesem Buch erkunden Sie in Ruhe verschiedene Einrichtungsmöglichkeiten und denken sich einen originellen und angenehmen Raum aus, der perfekt auf Ihre Bedürfnisse zugeschnitten ist – eine Stilübung, bei der Ihr Sinn für das Praktische und Ihre Kreativität Hand in Hand arbeiten werden.

KÜCHENPLANUNG

Ausarbeitung eines Entwurfs

Die Planungsphase für eine Küche ist sehr wichtig: Man braucht Zeit und muss gut überlegen. Ziehen Sie alle Möglichkeiten in Betracht, um Fehler zu vermeiden und kein Geld zu verschwenden. Wenn Ihr Projekt aus dem Umbau einer bereits vorhandenen Küche besteht, machen Sie eine Liste mit deren Vor- und Nachteilen. Versuchen Sie nicht um jeden Preis, die Aufteilung wegen der bestehenden Leitungen beizubehalten, sondern denken Sie auch über andere Möglichkeiten nach und wägen Sie deren Vor- und Nachteile ab. Wenn es sich um eine neue Küche handelt, erscheint es einfacher, ganz bei null anzufangen, aber die Fragen, die man sich stellen sollte, bleiben die gleichen.
Nehmen Sie sich ein Blatt Papier, einen Stift, ein Metermaß (um die Höhe der Arbeitsplatten zu messen) sowie eine Digitalkamera und besuchen Sie den Schauraum eines Küchenstudios. Stellen Sie Fragen, besorgen Sie sich Kataloge und Anschauungsmaterial. Sammeln Sie in Büchern und Zeitschriften so viele Informationen wie möglich, damit Sie herausfinden können, was am besten zu Ihrem Stil passt.

Diese Küche hat eine große Öffnung zur Essecke und ist durch zwei Säulen vom Wohnzimmer getrennt. Diese sind auf einer Seite geschlossen, auf der anderen Seite wurden einige Elemente integriert. Sie begrenzen den Raum, ermöglichen aber doch eine Kommunikation.

Was erwarten Sie von Ihrer neuen Küche?

Definieren Sie am Anfang die Funktionen Ihrer Küche, indem Sie Ihre Lebensweise unter die Lupe nehmen:

- Wie oft sind Sie in der Küche und wie viel Zeit verbringen Sie dort?
- Wie sind Ihre Essgewohnheiten, welche Art von Speisen bereiten Sie zu?
- Welche Aktivitäten gibt es in der Küche?
- Wer benutzt die Küche, wie alt sind diese Personen?
- Gibt es die Möglichkeit, eine Essecke zu integrieren?
- Empfangen Sie Ihre Freunde in der Küche? Wie viele sind es für gewöhnlich?

Definieren Sie nun den Bedarf und die Erwartungen, die sich daraus ableiten lassen:

- Was sind Ihre Prioritäten?
- Welche Haushaltsgeräte sind unerlässlich? Brauchen Sie einen großen Kühlschrank, einen Gefrierschrank …?
- Wie viel Stauraum benötigen Sie für die Küchenutensilien?
- Welcher Stil, welche Materialien und welche Farben gefallen Ihnen?

Ihr Pflichtenheft

Jeder hat natürlich ein bestimmtes Budget, das er nicht überschreiten kann. Holen Sie für alle Posten Angebote ein, damit Sie eine Budgetplanung aufstellen können. Erstellen Sie daraus eine ausführliche und vollständige Liste.

Installationen und Ausstattungen

Grobe, schwere Arbeiten: Wenn die Arbeiten die bauliche Struktur betreffen, dann ist das höchstwahrscheinlich Arbeit für einen Profi. Holen Sie zwei oder drei Kostenvoranschläge ein, in denen die Leistungen und die verwendeten Materialien detailliert aufgeführt sind.

Sanitärinstallationen und Strom: Diese Posten müssen zuerst in Ordnung gebracht werden. Auch das ist Arbeit für einen Profi (außer, Sie kennen sich darin wirklich gut aus) – natürlich auch hier mit einem entsprechenden Kostenvoranschlag.

Beleuchtung: Erstellen Sie eine Liste der notwendigen Lampen, Spots oder sonstigen Lichtquellen und notieren Sie ihren Ladenpreis.

Bodenbelag: Bevor Sie sich entscheiden, vergleichen Sie mehrere Produkte – vor allem, wenn Sie den Boden selbst verlegen.

Der rechtwinklig zur Arbeitsplatte angebrachte Tisch hat die gleiche Länge wie diese. Er steht leicht erhöht, damit man noch an die Unterschränke kommt.

Farben, Materialien, Höhe der Elemente – diese Küche spielt mit Kontrasten.

Möbel

Heutzutage gibt es für jedes Budget die passenden Lösungen.
Aufstellfertige Möbel: Es handelt sich um unabhängige Elemente, teilweise auf Rollen.
Die Küche zum Selbstzusammenbauen: Das Angebot umfasst eine große Auswahl an Stilrichtungen, Beschaffenheiten und Farben.
Die Küche zum Aufbau durch einen Fachmann: Sie ist ein wenig teurer, wird aber auch schnell und zuverlässig von Profis installiert.
Die Küche von einem Küchenstudio oder einem Architekten: Sie hat ein gutes Preis-Leistungs-Verhältnis. Profis erarbeiten einen Entwurf für Ihre Küche und unterbreiten Ihnen diesen zunächst als 3-D-Plan, damit Sie sich alles gut vorstellen können. Eine solche Küche ist dann rentabel, wenn Sie denken, dass Sie lange in Ihrer Wohnung oder in Ihrem Haus bleiben.
Wenn Sie Mieter sind, ist eine Übernahme durch Ihren Nachmieter eher unwahrscheinlich, aber bei einem Verkauf kann eine Einbauküche ein entscheidendes Element sein, vor allem, wenn sie in einwandfreiem Zustand ist.

Die richtige Aufteilung

Um die optimale Aufteilung zu finden, nehmen Sie sich die Zeit, mehrere Entwürfe zu zeichnen und ergonomisch zu durchdenken. Planen Sie so, dass Sie ohne Behinderungen zwischen den verschiedenen Tätigkeitspunkten und dem Außenbereich herumlaufen können. Eine gut geplante Küche ist nach dem Dreiecksprinzip Spüle – Herd – Kühlschrank aufgebaut. Diese drei Punkte sollten nicht weiter als 1,50 m voneinander entfernt liegen. Im Idealfall beträgt die Gesamtsumme aller Seiten dieses Dreiecks nicht mehr als 7 m. Das am wenigsten einschränkende Element ist der Kühlschrank: Im ultramodernen Look oder im Retro-Stil, oft sehr bunt, versteht er sich als eigenständiges Element und wird oftmals separat aufgestellt. Wenn möglich, platzieren Sie die Spüle und den Herd nicht in den Ecken. Um unnötige Schläuche und Abläufe zu vermeiden, stellen Sie die Spülmaschine – ebenso wie ggf. die Waschmaschine – in der Nähe der Spüle auf.

Gut positionierte Tätigkeitspunkte, Bewegungsfreiheit und Utensilien, die in Reichweite verstaut werden können, erleichtern das Leben. Man spart Zeit und Energie.

Einige wichtige Fragen

▶ Befinden sich die Türen an einer guten oder an einer schlechten Stelle, und ist die Öffnungsrichtung praktisch?

▶ Was sind die natürlichen Lichtquellen im Raum?

▶ Welche Belüftungsmöglichkeiten gibt es?

▶ Die Größe erscheint Ihnen nicht ausreichend: Ist es möglich, das Zimmer zu vergrößern, indem man vom Nebenzimmer etwas hinzunimmt oder eine Erweiterung nach draußen baut? Vergessen Sie nicht, dass eine Baugenehmigung erforderlich wird, wenn die gewonnene Fläche mehr als 20 m² beträgt.

Berücksichtigen Sie Ihre Körpergröße, um die Höhe der Küchenelemente und der Arbeitsplatte zu bestimmen: Testen Sie in Küchenstudios die Höhe, mit der Sie sich wohl fühlen. Die Standardhöhe beträgt 90 cm, aber größeren Menschen fällt es bei ein paar Zentimetern mehr leichter, den Rücken gerade zu halten. Bei den Unterschränken können verstellbare Füße angebracht werden oder man kann den Boden unter den Elementen anheben. Sie können sich auch für verschiedene Niveaus entscheiden: So kann die Arbeitsplatte höher sein als das Kochfeld, bei dem es von Vorteil ist, von oben darauf zu blicken. Machen Sie eine Aufstellung der Gegenstände, die Sie häufig brauchen, und planen Sie ein, diese in der Nähe Ihrer Arbeitsbereiche zu verstauen – in einer Höhe, in der Sie sich nicht zu oft bücken oder auf die Zehenspitzen stellen müssen.

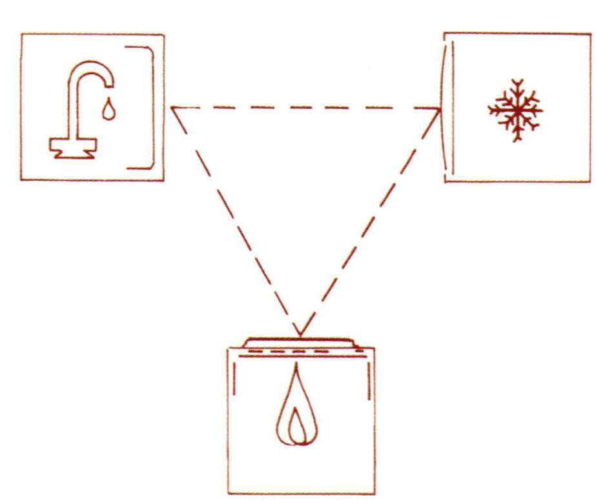

Die Spüle ist nicht weit von der Kochstelle entfernt. Die Arbeitsplatte dazwischen bietet ausreichend Platz für Kochvorbereitungen.

Optimieren Sie die Fläche

Noch wichtiger als die Größe ist die Gestaltung Ihrer neuen Küche. Von ihr hängt der einwandfreie Ablauf der verschiedenen Tätigkeiten ab: Abwaschen der Lebensmittel, Vorbereitung und Kochen der Speisen …

Kleine Winkel, spitze Ecken, zu tiefe Fenster: Nichts darf vernachlässigt werden, um die passende Lösung zu finden, wenn jeder Quadratzentimeter zählt.

Natürlich müssen Sie sich nach der bestehenden Architektur richten: Mauerabsätze, Abflussleitungen, eine tragende Mauer, die so bestehen bleiben muss, schlecht platzierte Fenster usw. Für jedes Problem gibt es eine Lösung, und indem man seine Besonderheiten nutzt, können Nachteile auch zu Pluspunkten werden.

Erster Schritt: die Abnahme der exakten Maße, gefolgt von einer Zeichnung im Maßstab 1:20 (1 cm auf dem Papier = 20 cm in der Realität). Messen Sie zuerst alle Wände von Ecke zu Ecke und prüfen Sie, ob die Ecken gerade sind. Nehmen Sie die Maße in verschiedenen Höhen ab; berücksichtigen Sie nur das kleinste Maß. Notieren Sie den genauen Platz der Tür und des Fensters sowie den Abstand von dessen Sockel bis zum Boden und vom Fenstersturz bis zur Decke.
Nehmen Sie auch die Maße aller hervorstehenden Elemente: Wasserboiler, Heizkörper, Säulen, Rohre, bis hin zur kleinsten Abweichung. Notieren Sie die Stellen, an denen sich Wasser- und Gasleitungen, Abflüsse, Steckdosen und Schalter befinden. Wenn Sie damit fertig sind, schneiden Sie Schablonen für die jeweiligen Elemente aus und probieren Sie verschiedene Anordnungen aus.

► In dieser Küche sind die Möbel verschieden tief, um ein einfaches Hin- und Hergehen zu gewährleisten.

▼ Jede Sache hat ihren Platz, z. B. der Mülleimer in einer Vertiefung. Es wurde an alles gedacht.

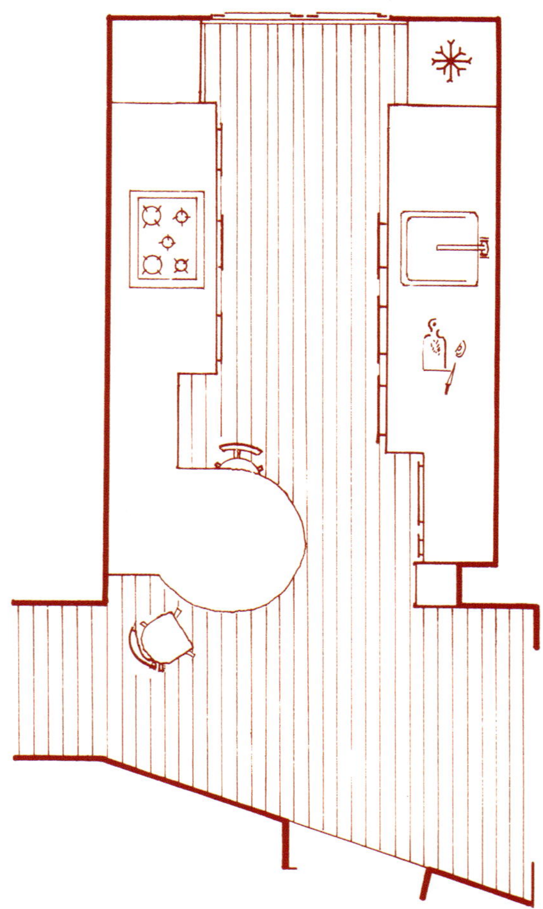

BANANIA

Die gerade Küche mit einer Arbeitsplatte

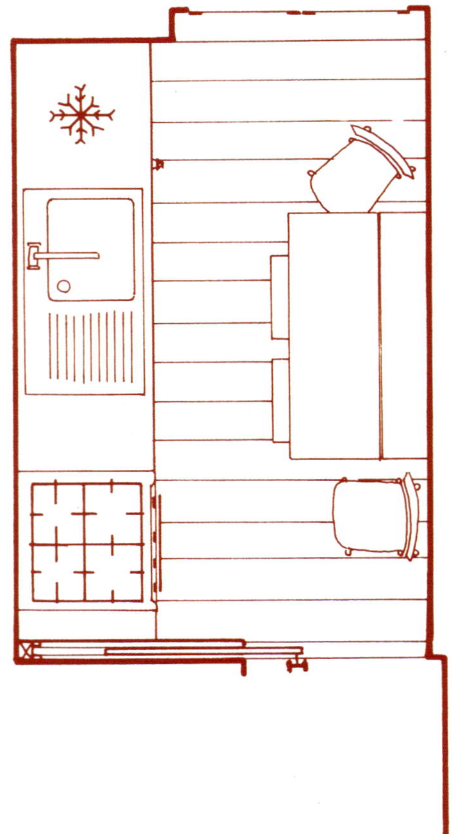

Dieser Entwurf eignet sich für einen schmalen, geschlossenen Raum oder für eine in den Wohnbereich integrierte Küche. Da sich alle Tätigkeitspunkte an der gleichen Wand befinden, liegen die Wege von einem Bereich zum anderen auf einer geraden Linie. Um überflüssige Strecken zu vermeiden, sollte man die Spüle in der Mitte platzieren, mit dem Herd und dem Kühlschrank links und rechts davon. Für die Zubereitung der Speisen sollte man eine Arbeitsfläche zwischen Spüle und Kochfeld einplanen und, wenn möglich, eine zweite zwischen Spüle und Kühlschrank.
Bei geschlossenen Küchen ist es oft möglich, einen Tisch an der gegenüberliegenden Wand zu platzieren. Wenn der Raum sehr klein ist, befestigen Sie an dieser Stelle einfach ein Klappbrett, damit Sie sich ungestört hin- und herbewegen können, wenn nicht gegessen wird.
Ist die Küche in den Wohnbereich integriert, kann der Bereich vor der Küche durch einen anderen, wasser- und fleckenbeständigen Bodenbelag vom restlichen Raum abgegrenzt werden.

Die Küche mit zwei parallelen Arbeitsplatten

In einem längs gezogenen, aber relativ breiten Raum, der an beiden Enden offen sein kann, erweist sich dieser Entwurf als sehr effizient, denn die Anzahl der Schritte zwischen den im Dreieck angeordneten Arbeitsplätzen wird deutlich reduziert. Der freie Platz zwischen den beiden Arbeitsplatten muss mindestens 1,20 m betragen, damit zwei Personen problemlos aneinander vorbeigehen können. Der Abstand darf jedoch auch nicht zu groß sein, um das Dreieck mit den Tätigkeitsbereichen nicht zu weit auseinanderzuziehen.
Für ein bequemes und effizientes Arbeiten muss jede Arbeitsplatte eine eigene Beleuchtung haben, z. B. durch Leuchten, die unter den Oberschränken angebracht werden. Falls diese nicht vorhanden sind, können Wand- oder niedrige Hängeleuchten eingesetzt werden.

Hier geht man bequem von der Spüle auf der rechten Seite zum Herd nach links. Am Ende des Raumes wurde der Backofen, über dem sich auch die Mikrowelle befindet, etwas erhöht angebracht, damit man sich weniger bücken muss. Darunter finden in einer tiefen Schublade sämtliche Töpfe Platz.

Die Küche in L-Form

Bei diesem praktischen Entwurf wurde eine Essecke eingefügt. Er ist auch einfach umzusetzen, denn es ist schon sehr selten, dass es in einer Küche nicht zwei aneinandergrenzende Wände gibt. Wenn eine Wand ein Fenster hat, kann die Spüle hier platziert werden – aber achten Sie darauf, dass der Wasserhahn nicht das Öffnen des Fensters behindert. Erlaubt es die Gesamtlänge des L, planen Sie je eine Arbeitsfläche zwischen Kühlschrank und Spüle sowie zwischen Spüle und Herd ein. Sie können die Ecke des L mit drehbaren Körben versehen, die sowohl in die Ober- als auch in die Unterschränke integriert werden.

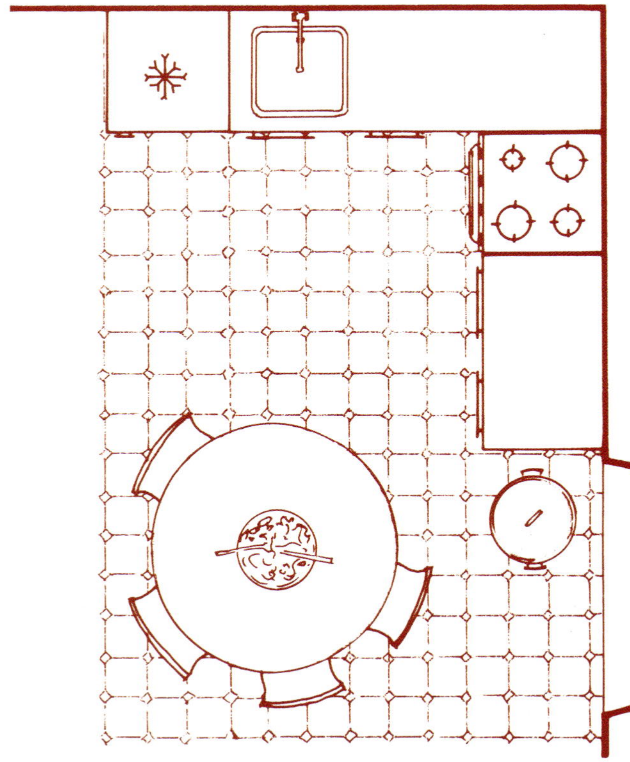

▼ **Dieses ehemalige Wohnzimmer verwandelte sich in eine Küche in L-Form mit einem separaten Kühlschrank und einer geräumigen Essecke.**

▲ **Hier ist die Spüle auf der kurzen Seite des U, der Kühlschrank am linken und der Herd am rechten Ende angeordnet.**

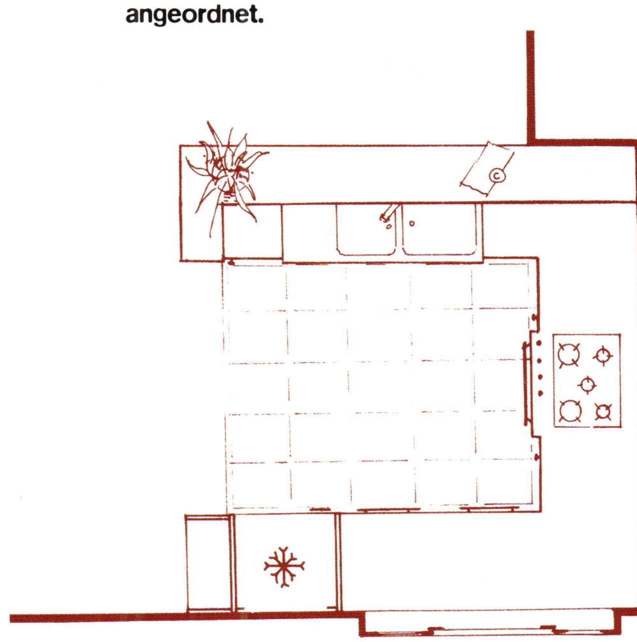

Die Küche in U-Form

Diese Gestaltung passt sowohl für kleine als auch für große Küchen, ob geschlossen oder offen. Die Spüle befindet sich in der Mitte des U, vorausgesetzt, in der Mitte bleibt eine Breite von etwa 2 m. Alles ist in Reichweite, und es gibt genug Stauraum.

Wenn die Küche offen ist, trennt eine Seite des U sie von der Essecke ab. Sie kann sowohl auf der Küchen- als auch auf der Esszimmerseite Stauraum bieten, beispielsweise für Teller. Außerdem können Sie hier die Spüle oder den Herd integrieren, Letzteren unter der Bedingung, dass eine Dunstabzugshaube darüber angebracht wird. Oft wird diese Seite als Bar genutzt, denn sie befindet sich auf der Höhe der Arbeitsplatte, ist also höher als ein normaler Tisch. Die Platte muss also mindestens 30 cm überstehen, damit man mit den Knien darunterkommt. Darüber kann man ein praktisches Gläserregal aufhängen.

Die Küche mit einer zentralen Kochinsel

Diese Aufteilung ist nur möglich, wenn Sie viel Platz haben: Eine separate Arbeitsfläche ermöglicht es Ihnen, vor den Augen Ihrer Gäste zu kochen. Die Kochinsel ergänzt eine gerade Arbeitsfläche oder eine L-Form; sie kann auch das Zentrum einer breiten Küche in U-Form bilden. In einem Zimmer mit vielen niedrigen oder bodentiefen Fenstern dient die Kochinsel allein als Küche und integriert eine Spüle, Kochplatten, Backofen und Stauraum. Der kann auch rundherum geplant werden, wobei zu berücksichtigen ist, dass die Schränke eine Tiefe von 60 cm haben.

Sie können eine Essecke hinzufügen, indem Sie die Platte auf der einen Seite überstehen lassen oder indem Sie eine Erweiterung anfügen, entweder auf gleicher Höhe oder etwas niedriger.

Wenn Spüle und Kochfeld in die Insel integriert werden, müssen Wasserleitungen und Abflusssysteme unbedingt präzise geplant werden, ebenso wie die Gas- und Stromversorgung, denn alles verläuft im Boden. Darüber hinaus setzt die Installation einer Dunstabzugshaube eine Stromzufuhr an der Decke voraus, zusätzlich zu der Beleuchtung, deren Höhe so geplant werden muss, dass die Arbeitsfläche ausreichend und angenehm ausgeleuchtet ist.

Die gesamte Zubereitung der Speisen erfolgt an der Kochinsel, in der sich eine Spüle und ein Kochfeld befinden und die mit einer einzigen Granitplatte abgedeckt ist.

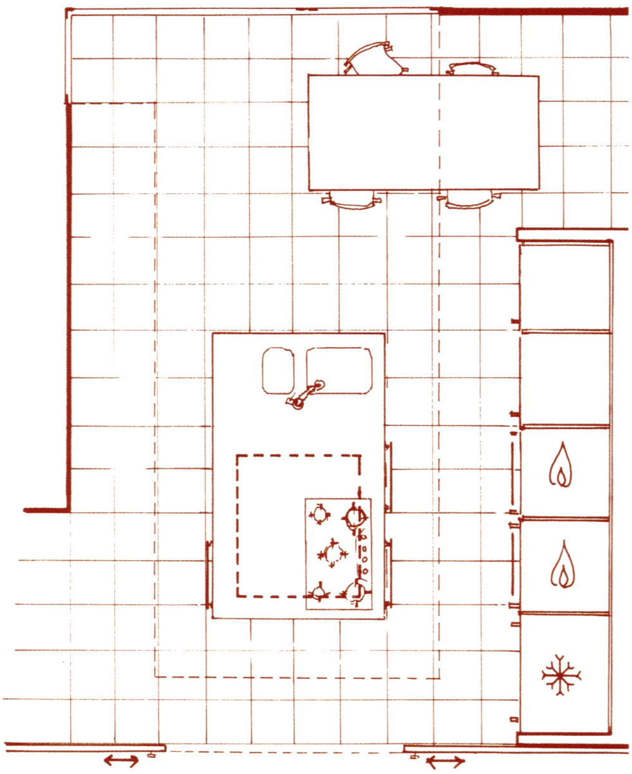

Diese Küche verfügt ausschließlich über glatte Oberflächen. Die Stauräume befinden sich an den Seiten. Die Küche ist zum Wohnbereich hin offen, kann aber durch Schiebetüren komplett abgetrennt werden.

VERSCHIEDENE KÜCHENTYPEN

Kleine Küchen

Wenn Ihre Küche klitzeklein ist, müssen Sie die Einrichtung sehr genau planen, um den vorhandenen Platz optimal zu nutzen. Da ist eine Organisation bis ins kleinste Detail notwendig, die nichts dem Zufall überlässt und auf alles Überflüssige verzichtet. Mit etwas gesundem Menschenverstand und einigen Tricks kann man einen Nutzen aus der Winzigkeit ziehen, die schließlich einen großen Vorteil bietet: Alles ist in Reichweite!

Darüber sollten Sie sich Gedanken machen

Eine Einbauküche, in der alle Geräte unter der Arbeitsplatte eingebaut werden (Spülmaschine 40 cm breit), ist die zweckmäßigste Lösung. Bevorzugen Sie glatte Schränke, die eine klarere Optik erzeugen – was keineswegs heißt, dass Sie auf offene Regale und Stangen verzichten müssen. Mit einem Aufbewahrungssystem auf Schienen – Schubläden oder Metallkörbe – kommen Sie mühelos in Ihren Unterschränken, die üblicherweise 60 cm tief sind, bis ganz nach hinten. Wenn möglich, platzieren Sie den Kühlschrank und das Kochfeld nicht direkt nebeneinander.

Passen Sie die Tür an

▶ Bei Bedarf kann eine Tür, die sich in den Raum öffnet, andersherum installiert werden, sodass sie nach außen aufgeht. Man kann sie auch durch eine Schiebetür ersetzen oder ganz entfernen. Wenn die Mauer eine einfache Trennwand ist, kann die Türöffnung versetzt werden und die Montage einer Arbeitsplatte oder eines Schranks mit 60 cm Tiefe ermöglichen.

Die Arbeitsfläche ist immer zu klein, aber es gibt auch hier Lösungen: eine Platte, die sich unter die Arbeitsfläche schieben lässt, ein Klapptisch an der Wand oder unter dem Fenster.
Räumen Sie nichts in diese Küche, was Sie nicht wirklich zum Kochen brauchen. Geben Sie Utensilien den Vorzug, die wenig Platz beanspruchen: Töpfe mit abnehmbaren Griffen, die ineinandergestapelt werden können, Auflaufformen, die man vom Ofen direkt auf den Tisch bringen kann, eckige Gläser, die man ganz dicht nebeneinanderstellen kann, damit keine Hohlräume dazwischen entstehen, usw.

Die Platte zum Ausziehen ist völlig unsichtbar, wenn sie eingeschoben ist, und somit ideal bei nur wenig Platz. Platzsparende Klappstühle sind die ideale Ergänzung dazu.

▲ Ein paar vom Außenbereich hinzugewonnene Quadratmeter haben die Schaffung dieser kleinen, zweckmäßigen Küche mit Tresen ermöglicht.

Verschiedene Lösungen für kleine Küchen

Die Küche befindet sich oft in der Nähe des Eingangsbereichs. Türen und Trennwände müssen nicht immer sein, und ohne diese kann man sich einfacher in den Räumen bewegen. Zwacken Sie etwas Raum von einem breiten Eingangsbereich ab und gewinnen Sie so eine Essecke. In einer Altbauwohnung genügt es oft, ein wenig vom Eingangsbereich und vom Flur wegzunehmen, um eine richtige gerade Küche anstelle einer einfachen Kochecke einrichten zu können.
Andere Alternative: die „Küche im Wandschrank". Gerade Türen, Schiebe- oder Falttüren verschließen eine kleine Vertiefung, in der eine Spüle und ein Kochfeld auf einem kleinen Kühlschrank Platz finden. In einer Einzimmerwohnung kann so die Küche vom Schlafbereich abgetrennt werden.
Letzte Lösung: die Küche unter der Treppe. Dieser ansonsten verlorene Platz bietet sich gut für die Einrichtung einer kleinen Küche an. Im oberen Bereich ergänzen geschlossene Elemente oder Regale den Stauraum weiter unten.

In diesem Loft geht kein Platz verloren: Spüle und Herd haben unter der Treppe Platz gefunden, deren Breite diejenige der Arbeitsplatte bestimmt hat.

Dekotipps

▶ Dekoration ist entscheidend, wenn es darum geht, Platz vorzutäuschen: Entscheiden Sie sich für helle Farben, welche die „Wände zurückdrängen", und für Schranktüren ohne Zierleisten, besonders wenn diese nur 30 oder 40 cm breit sind.

▶ Auch die Beleuchtung spielt eine wichtige Rolle. Mehrere kleine, drehbare Spots, in die Decke integriert oder auf Schienen, sorgen für gleichmäßige Lichtverhältnisse, während eine Hängelampe den Raum kleiner macht. Sorgen Sie für zusätzliche Beleuchtung unter den Oberschränken und über der Arbeitsplatte.

Offene Küchen

Die offene Küche, auch „amerikanische Küche" genannt, war nach dem Ersten Weltkrieg in Amerika weit verbreitet, kam jedoch erst in den 1950er-Jahren nach Europa. Sie ist das Symbol eines neuen Lebensstils. Die Küche ist nicht mehr ausschließlich zur Zubereitung von Speisen bestimmt, sondern ein Raum für Geselligkeit, in dem Freunde empfangen werden und Kinder unter den Augen ihrer Eltern spielen oder Hausaufgaben machen. Inspiriert von einer Zeit, in der sich das Familienleben rund um den Herd abspielte, verschwand diese Form wieder zugunsten einer klaren Trennung der Räume. Dieser Küchentyp eignet sich für große und kleine Räume gleichermaßen – Letztere wirken optisch allerdings großzügiger. Sie behalten eine gewisse Abtrennung in Form eines Tresens, einer Insel oder schmaler Wandflächen. Diese Abgrenzung kann auch mittels einer kleinen Mauer, einer anderen Bodenart, einer unterschiedlichen Wandfarbe, eventuell einer Stufe oder einer anderen Höhe unter einer Zwischendecke erfolgen, in die eine Lichtquelle eingebaut werden kann. Man kann auch ein System mit Schiebeelementen einplanen, um den Raum je nach Bedarf abtrennen zu können.

Wenn die Küche direkt an den Wohnbereich angrenzt, ist sie dessen optische Verlängerung; somit verdient sie in puncto Dekoration ebenso viel Aufmerksamkeit.

Eine offene Küche verlangt allerdings eine gewisse Disziplin: Die Zubereitung der Speisen erfolgt vor den Augen aller; alles muss möglichst schnell sauber gemacht und aufgeräumt oder wenigstens vor Blicken verborgen werden. Auch wenn es ein oder mehrere Fenster in der Nähe des Küchenbereichs gibt, ist bei diesem Küchentyp ein Abluftsystem mit einer hochwertigen Dunstabzugshaube unerlässlich.

Ein unterschiedlich hoher Boden, Material- und Farbwechsel trennen Küche samt Essecke optisch vom Wohnbereich ab.

Die oben abgetragene Trennwand beherbergt einen breiten Tresen, der sowohl als Bar als auch auf der Küchenseite als Stauraum dient und die Kommunikation zwischen den beiden Räumen fördert.

Küche/Esszimmer

Noch zu Beginn des 20. Jahrhunderts waren Häuser und Wohnungen in abgetrennte Zimmer aufgeteilt: Schlafzimmer, Wohnzimmer, Esszimmer, Küche usw. Die beiden Letztgenannten lagen manchmal relativ weit voneinander entfernt. Seit einigen Jahren geht der Trend dahin, die beiden Räume zu vereinen, insbesondere in Altbauten: Die ursprüngliche, oft winzige Küche verschwindet zugunsten eines größeren Raums, der zugleich als Küche und Esszimmer dient, eine Schlüsselrolle im Familienleben und beim Besuch von Freunden spielt und somit für mehr Geselligkeit steht. So können die Köche das Essen vorbereiten und verpassen doch nichts von den Gesprächen um sie herum. Dieses Zimmer kann unabhängig und komplett abgeschlossen sein, um zu verhindern, dass sich Essensgerüche im ganzen Haus verbreiten.
In Neubauten oder renovierten Wohnungen geht der Koch-/Essbereich oftmals mehr oder weniger in den Wohnraum über.

▲ **Im Alltag ist es praktisch, das Essen im gleichen Raum zuzubereiten und einzunehmen.**

◄ **Wenn es der Platz ermöglicht, stellen Sie den Tisch in die Mitte des Zimmers. So wirkt es noch gemütlicher. Aber achten Sie darauf, dass man immer noch an alle Möbel gelangt.**

Da die ursprüngliche Küche eng und eher ungemütlich war, hat man sich hier entschlossen, sie ganz dem Familienleben zu öffnen.

Wohnküchen

In relativ neuen Gebäuden befindet sich die Küche oft neben dem Wohnbereich. Indem man die Wand zwischen ihnen entfernt, schafft man Vorteile für beide Zimmer, und ihre jeweiligen Größen scheinen sich, zusammengenommen, noch zu vervielfachen. Man kann in der Küche vor der einzigen Arbeitsfläche oder der Arbeitsfläche in L-Form einen andersfarbigen Streifen am Boden sowie ein Beleuchtungssystem an der Decke einarbeiten, das an diesen eher technischen Bereich angepasst ist. Für eine Küche dieser Art sollte man eine schlichte, neutrale, eher helle Front wählen, die einen nicht „erschlägt", und die Wände in derselben Farbe streichen. Entscheiden Sie sich für Griffe, die mit den Möbeln eins werden, und für eine Rückwand, die sich in das Dekor integriert, um den Eindruck zu erwecken, dass es sich um ein Wohnzimmermöbel handelt. Unsichtbare Elektrogeräte sind zu bevorzugen. Effizienter Stauraum ist Pflicht, aber man kann es sich auch erlauben, die Geräte, die man jeden Tag benutzt, offen stehen zu lassen.

MATERIALIEN UND AUSSTATTUNG

Der Boden, eine wichtige Entscheidung

Da die Küche ein stark beanspruchter Raum ist, lässt es sich nicht vermeiden, dass auch der Boden Wasserspritzer und Fettflecken abbekommt. Der Belag muss also robust und pflegeleicht sein. Der Boden trägt auch dazu bei, der Küche ihren Stil zu verleihen. Ist er neutral und schlicht, dann kommen die Elemente des Raumes besser zur Geltung; ist er sehr bunt, dann belebt er den Raum.

Klassische Materialien

Fliesen, die oft zugunsten anderer Bodenbeläge ein wenig in den Hintergrund geraten, bieten eine große Auswahl: Es gibt sie auch als Imitat von Zement, Schiefer und sogar Parkett! Im Gegensatz zu Wandfliesen sind die Farben bei Bodenfliesen oft relativ neutral; Kacheln aus Terrakotta und sechseckige Fliesen passen aufgrund ihres Ockertons besonders gut zum traditionellen und zum Landhausstil. Im Gegenzug bieten gefärbte Zementfliesen eine breite Palette an Farben und Motiven, vom Retro-Stil bis zu modernen Designs.
Stein ist sehr solide und muss gleichzeitig aufgrund seiner Porosität geschützt werden. Einige Fliesen aus Kunststein, in die Unregelmäßigkeiten und Mängel eingearbeitet wurden, imitieren auf perfekte Weise alte Steine. Sie sind nur 2,5 bis 3 cm dick und werden auf einem gleichmäßigen, stabilen Boden verlegt.

Ein Weg aus leicht gemusterten Fliesen von der Eingangstür bis zum Fenster schafft eine Unterteilung des Steinzeugs in Betonoptik.

Ein Materialmix?

▶ Das für den Kochbereich gewählte Material kann ein anderes sein als das in der Essecke. Die Kombination aus mehreren Materialien sieht in der Tat sehr ansprechend aus. Wenn Sie sich für diese Lösung entscheiden, denken Sie daran, die Dicke jedes Belags zu berücksichtigen und Differenzen auszugleichen, damit der Boden eben wird.

Die spielerischen und bunten Zementfliesen mit verschiedenen Mustern bilden einen Teppich inmitten des weißen Parketts.

Für einen Boden in Schachbrettoptik
im Retro-Stil bieten sich Zementfliesen
in zahllosen Kombinationen an.

Industriematerialien

Gewachster Beton, im Naturton oder eingefärbt, ist Sache eines Bodenprofis, nicht eines Maurers. Wenden Sie sich an ein Unternehmen, das sich auf diesen Bodenbelag spezialisiert hat, der auf einem sehr glatten Estrich verlegt wird. Der Preis ist sicherlich höher, aber das Risiko von Rissen ist auch deutlich geringer.
Alternativ kann eine einfache Betonkachel durch Verspachteln geglättet und mit einer speziellen Bodenfarbe gefärbt werden.
Epoxidharz ist robust, praktisch, kann nach Belieben eingefärbt werden und bietet sämtliche Dekore oder Einschlüsse.
Metall passt perfekt zu einer Dekoration im industriellen Stil. Stahl und Aluminium werden als Blätter oder glatte Kacheln verlegt oder, in einer Küche noch besser, mit einem rutschfesten Relief.

Inmitten des Bodens aus geglättetem Beton bringt, ganz pflegeleicht, eine Fliese aus Drahtglas Licht in den Keller.

Parkett sieht immer sehr schön aus. Wenn es alt ist, vergewissern Sie sich, dass es in einem guten Zustand ist, insbesondere an den Stellen, an denen die Elemente aufgestellt werden. Ist die Oberfläche beschädigt, muss sie gut abgeschliffen werden. Träumen Sie von Farbe? Dann streichen Sie es. Fußbodenfarben bieten nicht nur eine sehr breite Farbpalette, sondern können auch gemischt werden. Bei neuem Parkett gibt es eine große Auswahl: versiegelte Bretter, gehobelte Bretter, die einfach auf Bohlen gelegt werden, oder so genanntes schwimmendes Parkett, das auf dem alten Belag verlegt werden kann, wenn dieser eben ist. Der aktuelle Trend geht hin zu Parkett mit breiten Brettern von 13 bis 18 cm oder sogar noch mehr.
Laminat ist stoß- und kratzfest, fleckenabweisend und z. T. feuerfest. Es existiert als Imitat von Fliesen, Stein und allen Parkettarten in deren unterschiedlichen Beschaffenheiten. Man reinigt es mit einem Wischlappen, der in Spülwasser getaucht wurde, aber niemals mit zu viel Wasser.

Pflegeleichte Auslegeware macht Sinn

- Linoleum, biologisch abbaubar, recycelbar und bakterientötend, Kautschuk, PVC-Fliesen, Vinyl: All diese Materialien sind hygienisch, robust und preiswert und bieten darüber hinaus eine Vielzahl an Möglichkeiten.

- Sie sind leicht, wärmedämmend und schallisolierend, vorbehandelt gegen Flecken und Bakterien, pflegeleicht und einfach zu verlegen, selbst bei einem ungleichmäßigen Boden.

Rückwand und Arbeitsplatte

Bambus

▶ Diese Pflanze, die schon seit jeher in Asien für die Herstellung zahlreicher Alltagsgegenstände verwendet wurde, hält ihren triumphalen Einzug in unsere Häuser, sowohl als Parkett als auch als Arbeitsplatte.

▶ Bambus hat die gleichen Eigenschaften wie Holz. Wenn es versiegelt ist, erweist es sich als sehr robust. Es zeigt sich schichtverleimt, mit Streifen in nuancierten Farben.

Einbaufertige Arbeitsplatten haben normalerweise eine Tiefe von 60 cm. Wenn man genug Platz hat, kann man auch bis zu 70 oder sogar 75 cm gehen: Dies bietet mehr Komfort für den Benutzer, und Probleme mit Schläuchen und Zuleitungen werden besser gelöst. Arbeitsplatten leiden unter Abnutzung, Stößen, heißen Töpfen, Messerklingen, Fettflecken usw. Wählen Sie eine Beschichtung, die widerstandsfähig und leicht zu reinigen ist. Die Rückwand, die ebenfalls Spritzern ausgesetzt ist, muss wasserundurchlässig sein. Sie kann aus dem gleichen Material hergestellt werden wie die Arbeitsplatte.

Holz kommt nie aus der Mode

Holz ist immer noch sehr gefragt. Das natürliche, hygienische Material ist nicht nur warm und beständig, sondern passt sich auch jedem Stil an. Während Buche, eine sehr harte Holzart, Schnitte und heiße Töpfe aushält, ist das bei anderen Holzarten nicht der Fall.
Buche, heller Ahorn und Eiche sind die am häufigsten verwendeten europäischen Baumsorten, sie werden geschliffen und geölt oder lackiert.
Teak, Iroko oder Wenge, in der Regel schichtverleimt, müssen vorbehandelt und geölt werden. Vergewissern Sie sich, dass sie das FSC (Forest Stewardship Council)- oder PEFC (Pan European Forest Certification)-Label haben, durch welche die Beachtung einer Umweltcharta garantiert wird.

Die Kanten der Arbeitsplatten bieten verschiedene Abschlüsse. Hier ist die Arbeitsplatte aus Bambus einfach abgerundet.

Die Arbeitsplatte aus schichtverleimter Eiche, vor dem Einbau vorbehandelt, muss zu ihrem Schutz nur regelmäßig mit Holzöl gepflegt werden.

Für jeden Stil gibt es passende Kacheln. Die emaillierten Fliesen sind sehr pflegeleicht und passen perfekt zum Landhausstil.

Stein und Mineralwerkstoffe

Naturstein ist nach wie vor ein teures Material. Er ist robust, unverwüstlich und wird – dick und schwer – für Arbeitsplatten oder – feiner – für Rückwände verwendet. Gegen seine Porosität muss er versiegelt werden. Man reinigt Naturstein ganz einfach mit einem Schwamm, Scheuermittel sollten vermieden werden.

Kunststein sieht aus wie Naturstein, ist aber weitaus preisgünstiger.

Marmor ist der ideale Untergrund beim Backen, aber er bekommt leicht Flecken und verträgt keine säurehaltigen Produkte.

Granit ist sehr solide, wasserundurchlässig, bekommt keine Flecken und erträgt sogar heiße Töpfe. Er ist extrem glatt und fühlt sich sehr angenehm an.

Schiefer, anthrazitgrau oder schwarz, manchmal mit bläulichen Reflexen oder Rosteffekten, kann glatt oder unregelmäßig sein. Wenn er als dicke Platte verwendet wird, ist er sehr robust und besonders weich. Nach einer Vorbehandlung gegen Flecken wird er einfach mit Wasser gereinigt.

Fliesen

Fliesen werden meistens eher für die Rückwand als für die Arbeitsplatte verwendet, da sich die Fugen schnell abnutzen. Entscheiden Sie sich bei Arbeitsplatten deshalb am besten für versiegelte Kacheln und Epoxidfugen. Die Farbpalette ist riesig, und es gibt Fliesen in zahlreichen verschiedenen Größen. Mit großen Kacheln hat man natürlich weniger Fugen, und wenn die Arbeitsplatte eine Standardbreite hat, vermeidet man Schnittreste. Es genügen beispielsweise zwei Stücke von 30 x 30 cm oder 3 Stücke von 20 x 20 cm, um die Tiefe einer Arbeitsplatte abzudecken. Bei einigen Materialien wie Steinzeug kommen die Fliesen auf eine Seitenlänge von 60 cm oder mehr.

Mosaik aus auf ein Gitternetz geklebten Fliesen ist leicht zu verlegen und ermöglicht ein Abdecken bis in die kleinste Ecke. Aus Glaspaste gefertigt, ist es sehr pflegeleicht; bei Steinzeug genügt es, ein feuchtigkeitsabweisendes Produkt aufzutragen.

Naturstein ist sehr anpassungsfähig. Oft wird er fugenlos verlegt.

◄ Über einer Arbeitsplatte aus Beton befindet sich eine extragroße Fliese aus Steinzeug als Rückwand.

▼ Kluge Details: Eine Marmorplatte für Patisserie-Arbeiten und eine Holzplatte wurden in die Betonarbeitsplatte eingelassen.

Warum nicht Beton?

Beton hat in ästhetischer Hinsicht definitiv seinen Platz in der Küche. Er ist dunkelgrau oder sehr hell, wenn er mit Weißzement hergestellt wurde, kann aber auch mit natürlichen metallischen Pigmenten (Titan, Eisen, Kobalt usw.) für feinere Nuancen gefärbt werden oder mit synthetischen Pigmenten versetzt werden, was kräftigere Farbtöne ergibt. Für helle Farben wird am häufigsten Ductal® verwendet, ein leistungsstarker Beton, der jedoch in der Regel den Profis vorbehalten bleibt. Es ist ziemlich heikel, selbst eine Arbeitsplatte aus Beton anzufertigen, vor allem, wenn man das Spülbecken aus demselben Material möchte. Das Gießen vor Ort bedarf der Herstellung einer extrem präzisen Schalung, denn dies erfolgt in einem einzigen Guss, um sichtbare Übergänge oder Farbunterschiede zu vermeiden. Die Oberfläche wird mit einem Lineal geglättet. Wenn der Beton trocken ist, wird er mit einer Schleifmaschine für Marmor poliert – nur ganz wenig, wenn Sie eine matte Optik beibehalten möchten, und in mehreren Wiederholungen, wenn Sie eine glänzende Oberfläche möchten.

Edelstahl, Zink oder Glas?

Edelstahl ist zeitlos und verleiht der Küche einen sehr professionellen Aspekt. Er ist zudem hygienisch, hitzebeständig und widerstandsfähig, verkratzt jedoch leicht. Fingerabdrücke sind unvermeidbar, doch er wird ganz einfach mit Seifenwasser gereinigt und nach dem Abspülen mit heißem Wasser und einem Baumwolltuch poliert. Es gibt auch effiziente Schutzöle.
Dachzink bekommt eine hübsche Patina. Er wird auf eine wasserundurchlässige MDF- (oder Medium-)Platte geklebt und an den Kanten umgebogen, die Fugen werden verschweißt. Für eine Küche im „Aus-Alt-mach-Neu"-Look ist Dachzink das ideale Material.
Glas ist ein modernes Material und wird häufiger für Rückwände als für Arbeitsplatten verwendet, aber Hartglas ist sehr resistent und auch für Arbeitsplatten geeignet. Hartglas gibt es in breiten, lichtundurchlässigen Platten, hell mit einem farbigen Grund, gesandet oder als kleine Quadrate und Rechtecke, die wie Fliesen verlegt werden. Die Reinigung erfolgt wie bei einer Fensterscheibe.

Verbundwerkstoffe

Corian® setzt sich aus Mineralien und Acrylharz zusammen. Es hat eine nicht-poröse Oberfläche, kaum sichtbare Fugen und ist in mehr als hundert Farbnuancen und sämtlichen Formen erhältlich.
Mineralwerkstoffe (Quarz und andere natürliche Mineralien und Acrylpolymere, gemischt und gefärbt) haben eine weiche Haptik, sind wasserundurchlässig und sehr robust. Sie werden poliert, unsichtbar aneinandergefügt, und ein Spülbecken wird eingebaut. Hier handelt es sich um eine maßgefertigte professionelle Arbeitsplatte zu einem hohen Selbstkostenpreis. Nach einem Küchenunfall hinterlässt eine Restaurierung aber auch keine Spuren.

▲ Eine große farbige Glasplatte ist über einer niedrigen Rückwand aus Kunststein angebracht.

◄ Verbundwerkstoffe sind gegen alles resistent, selbst gegen einen 180 °C heißen Topf.

Der Tresen aus Zink mit kleiner Bistro-Ecke zeigt einen schönen Alterston. Seine Patina und die abgerundeten Kanten machen seine Haptik angenehm.

Spüle und Armaturen

Die Spüle, ein unumgängliches Element in der Küche, vereint immer häufiger Ästhetik mit Funktionalität. Wählen Sie ihre Größe nach Ihrem Bedarf: Das kleinste Modell hat ein einziges Becken, größere haben zwei, mit einem zusätzlichen Becken zum Abgießen und einer Abtropfvorrichtung. Wenn Sie Platz haben und eine große Familie sind, wählen Sie ruhig ein großes und tiefes Becken, denn das ist viel praktischer, um große Teller und Auflaufformen zu reinigen.
Einige große Spülen mit einem einzigen Becken verfügen zusätzlich über ein kleineres, bewegliches Becken, in dem Sie Gemüse waschen oder kleineres Geschirr spülen können und dabei weniger Wasser verbrauchen.
In einer kleinen Küche kann die Spüle mit einem beweglichen Schneidbrett versehen sein. Manchmal ist die Ecke die beste Stelle in der Küche, um die Spüle zu platzieren, und einige Modelle wurden auch speziell dafür entwickelt.

Ein Material, ein Stil

Spülen aus Keramik oder aus Porzellan gibt es zum Einbauen oder zum Auflegen im Stil eines Spülsteins. Aber Achtung: Das Geschirr geht darin leicht kaputt!
Spülen aus Edelstahl sind seit einigen Jahren sehr beliebt. Das robuste und hygienische Material passt zu allen Dekorstilen. Die Oberfläche kann glatt und glänzend, seidig, gebürstet oder mit einem leichten Relief versehen sein.
Spülen aus Kunstharz und Kompositmaterialien, einfarbig oder als Steinimitat, sind stoßfest und temperaturbeständig.

Eine Spüle ist vor dem Fenster ideal positioniert, aber der Wasserhahn darf beim Öffnen des Fensters nicht stören.
Ob mit einem oder zwei Becken: Edelstahl passt zu jedem Stil. Kleiner Pluspunkt: der Hebel zum automatischen Ausleeren.

Der Wasserhahn ist im Retro-, Designer- oder Industriestil an der Wand oder auf der Arbeitsplatte angebracht.

Wasserhähne/Mischbatterien

▶ Wählen Sie als Material Vollmessing mit einem Keramikkopf. Die Oberfläche kann aus glänzendem, mattem oder gebürstetem Chrom sein, mit einer Epoxidbeschichtung in Schwarz oder in Farbe.

▶ Mischbatterien werden mit einem oder zwei Hebeln betätigt. Der Einhebelmischer ist sehr praktisch, da mit dem einzigen Hebel auch die Durchlaufmenge geregelt wird. Es gibt auch Wasserhähne mit einem Infrarotsensor, bei denen das Wasser zu laufen beginnt, sobald man die Hand darunterhält.

▶ Ein Wasserhahn mit hohem Auslauf, fest oder bieg- und ausrichtbar, ist praktischer, um hohe Gefäße zu füllen oder zu reinigen. Wenn Sie einen niedrigen Wasserhahn bevorzugen, achten Sie auf eine ausziehbare Brause.

Elektrogeräte

Die Technologie wird mit Geräten mit einer hohen Energieeffizienz und geringem Energieverbrauch immer leistungsstärker. Diese sind sehr ausgefeilt, entsprechen aber nicht unbedingt dem, was wir wirklich brauchen. Elektrogeräte müssen in erster Linie praktisch und einfach zu handhaben sein. Heutzutage werden sie von Designern entworfen, und man wählt sie auch nach dem ästhetischen Aspekt aus.

Der Herd

Für die Kochstelle sollte man in erster Linie seine Art zu kochen in Erwägung ziehen. Gas hat aufgrund der feinen Regulierungsmöglichkeiten immer noch seine glühenden Anhänger. Elektrische Kochplatten sind etwas schwieriger zu bedienen, denn sie heizen und kühlen sich langsam ab. Wenn Sie sich nicht zwischen Gas und Strom entscheiden können, dann sind kombinierte Gas-Elektro-Herde wie für Sie gemacht.

Halogenplatten sind etwas langsamer als Induktionsplatten, die auf die kleinste Berührung sofort reagieren, genau wie Gas. Beide haben den Vorteil, dass sie sehr einfach mit einem Schwamm gereinigt werden können. Aber Achtung: Sie müssen Ihre kompletten Töpfe und Pfannen erneuern, was zum Budget hinzugerechnet werden muss!

Nach Jahren der Vergessenheit kommt der frei stehende Küchenherd (60 oder 90 cm breit, oder sogar noch mehr) wieder zurück. Hierbei wird oft ein Kochfeld mit Gas mit einem elektrischen Umluftbackofen kombiniert, was schnelles Kochen und Backen ermöglicht.

Saubere Luft in der Küche

- Eine Dunstabzugshaube ist unerlässlich, vor allem in einer offenen Küche. Wählen Sie eher eine mit Außenabzug anstatt mit Filter.
- Einige Auswahlkriterien: eine Saugkraft von mindestens dem 10-Fachen der Zimmergröße, ein Geräuschpegel von weniger als 60 Dezibel und ein Modell, das breiter als das Kochfeld ist.
- Installieren Sie die Abzugshaube in einem Abstand von 65 cm bei Elektroherden bzw. 70 bis 75 cm bei Gasherden.

Über einem besonders breiten Herd empfiehlt sich eine Dunstabzugshaube für Restaurants oder ein doppeltes Modell wie dieses hier.

Der Backofen

Denken Sie über die Stelle nach, an der Sie Ihren Backofen einbauen möchten. Nehmen Sie ein schweres Gericht aus dem Ofen, ist es einfacher für Sie, wenn er etwas weiter oben platziert ist. Einige Marken stellen Backöfen her, deren Tür dank einer seitlichen Kulissenführung voll versenkbar ist – ein praktischer Aspekt, der aber seinen Preis hat. In jedem Fall sollten Sie in einen selbstreinigenden Backofen investieren, mit einer doppelt verglasten Tür, die kalt bleibt – besonders wichtig, wenn Sie kleine Kinder haben.
Die Mikrowelle erfüllt immer öfter mehrere Funktionen und wird viel verwendet. Vermeiden Sie es jedoch, sie auf der Arbeitsplatte abzustellen, denn so geht viel Fläche verloren. Wenn Sie das Gerät nicht in einen Schrank einbauen, können Sie es auf ein Regal stellen.

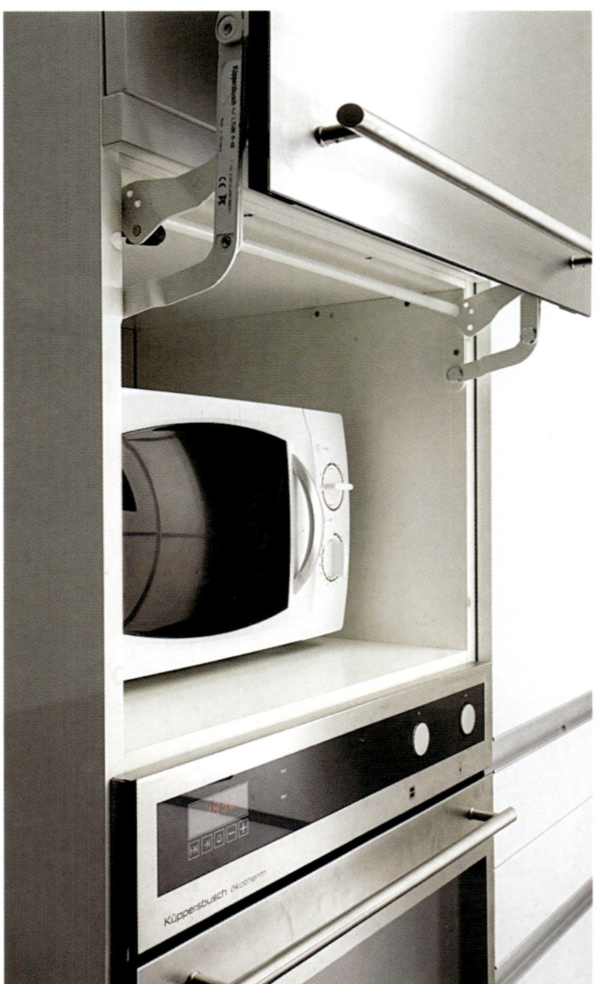

Die Spülmaschine

Spülmaschinen gibt es in zwei Breiten (60 oder 40 cm). Wählen Sie ihre Kapazität je nach verfügbarem Platz und der Anzahl der Personen in Ihrem Haushalt. Wenn Sie genügend Platz haben, wählen Sie lieber das breitere Modell: Der Preis ist kaum höher, und Sie können die Spülmaschine im Programm für halbe Beladung spülen lassen. Weitere Auswahlkriterien: ihr Energieverbrauch und ihre Betriebslautstärke.
Stellen Sie die Spülmaschine auf halber Höhe auf. So ist es für Ihren Rücken viel angenehmer, das Geschirr ein- und auszuräumen. In ästhetischer Hinsicht kann sie entweder gut zu sehen sein – in Weiß, Bunt oder Edelstahloptik – oder eine Außenverkleidung wie die anderen Küchenelemente erhalten sowie eine Klappe über dem Bedienfeld. Man kann sie mit einem unsichtbaren Bedienfeld auch komplett integrieren.

Der Kühl- und Gefrierschrank

Der Kühlschrank kann in ein Küchenelement eingebaut werden oder als eigenständiges Möbelstück betrachtet werden, das in der Dekoration besonders zur Geltung gebracht wird, etwa wie die amerikanischen Kühlschränke im Stil der 1950er-Jahre oder in besonders auffälligen Farben.
Wählen Sie seine Größe je nach Anzahl der Personen in Ihrem Haushalt: Für einen Single reicht ein Kühlschrank mit 150 l, ein Paar benötigt 200 l, eine Kleinfamilie 300 l, für eine Großfamilie sollten 600 l geplant werden! Wenn Sie Platz haben, denken Sie auch an die amerikanischen Kühlschränke, die Eiswürfel und zerstoßenes Eis herstellen. Sie sind der beste Freund von Liebhabern eisgekühlter Getränke.
Wenn Sie nur einmal pro Woche einkaufen gehen, brauchen Sie wahrscheinlich ein relativ großes Gefrierfach oder besser noch einen separaten Gefrierschrank. Doch im Gegensatz zum Kühlschrank ist ein Gefrierschrank für gewöhnlich kein Dekorationselement in einer Küche. Wenn Sie keine Möglichkeit haben, ihn im Keller unterzubringen, wählen Sie am besten Einbaumodelle, die hinter einer zum Rest der Küche passenden Front verschwinden können.

Elektrische Kleingeräte

▶ Kaffeemaschine, Toaster, Wasserkocher, Saftpresse usw. bleiben oft auf der Arbeitsplatte stehen, weil es praktisch ist, sie immer in Reichweite zu haben.

▶ Man kann sie aber auch verstecken und immer noch in Reichweite haben, etwa in einer Vertiefung oder hinter einem Rollladen.

▶ Die aktuellen Küchennormen sehen die Installation von vier Steckdosen über der Arbeitsplatte vor, die nicht zu nah am Spülbecken sein dürfen.

KÜCHEN MIT CHARAKTER

Für welchen Stil entscheiden Sie sich?

Traditionell oder modern? Landhausstil oder Design? Ein Stilmix aus antiken und zeitgenössischen Möbeln oder aus Alt mach Neu? Nichts ist vorgeschrieben, jeder kann wirklich das ausdrücken, was ihm gefällt.
Stauraum spielt eine wichtige Rolle und bestimmt drei Einrichtungskategorien: die Einbauküche, in der man nichts sieht bzw. nur hinter Glastüren; die unstrukturierte, zusammengewürfelte Küche, in der alles in Reichweite ist und die anpassungsfähiger und persönlicher, aber auch weniger rationell ist als eine Einbauküche, oder ein Mix aus beidem. Das ist die häufigste Wahl, die beide Aspekte miteinander verbindet: Wandschränke, um das Wesentliche zu verbergen, und Regale, um ausgewählte Utensilien auszustellen.

Liebe zum Detail

Accessoires spielen eine große Rolle. Zwei Küchen mit den gleichen Fronten können jeweils einen ganz anderen Stil aufweisen, insbesondere dank der Griffe: Ein verschnörkelter Griff erzeugt einen Retro-Look, während ein gerader Griff aus Edelstahl eine moderne Optik verleiht. Die Wahl der Rückwand und der Beleuchtungsart spielt ebenso eine große Rolle.
Das Integrieren von alten Elementen – Platten, die als Schranktüren recycelt werden, ein neuer oder alter Spülstein als Spülbecken – verleiht der Küche Charme.
Die Wahl der Elektrogeräte – ein Kühlschrank im Look früherer Zeiten mit abgerundeten Ecken, ein amerikanischer Kühlschrank, ein traditioneller Herd – definiert ebenfalls den Stil des Raums.
Und schließlich ist die Farbe wichtig. Während Weiß das Symbol für Sauberkeit bleibt, zeigt sich heutzutage die Wohnküche bei Schränken, Wand oder Accessoires in kräftigen, dynamischen Farben. Die Farbwahl ist ein Ausdruck der Persönlichkeit und grenzt zudem den Kochbereich in einem offenen Raum ab.

◄ Ein alter Wandschrank mit gewachsten Türen, sechseckige Bodenfliesen und Gläser vom Trödelhändler, und ein neuer Stil ist entstanden.

Aus der ehemaligen Metzgerei, die in eine Wohnung umgewandelt wurde, blieben einige Elemente erhalten, die zur Persönlichkeit der Küche beitragen.

In dieser Küche, in der eine Kaufmannswaage und andere alte Accessoires glänzen, steht der Stil im Gegensatz zum offenen Wohnzimmer, das moderner gehalten ist.

Der Landhausstil

Die traditionelle Landhausküche ist nicht so stark modischen Veränderungen unterworfen und scheint auch weniger unter funktionalen Zwängen zu leiden. Sie gibt sich einfach, mit robusten Möbeln aus gewachstem oder poliertem Holz, und verliert kaum Platz mit den Accessoires der modernen Küche – oder verbirgt diese gut in den Schränken.

Die Landhausküche ist das Gegenteil zu einer modernen Einbauküche: Einige vor Jahren von einem Schreiner aus der Region maßgearbeitete Schränke, ein Geschirrschrank von früher, ein alter Herd ... Der große Tisch wird zum Essen und zur Zubereitung der Speisen genutzt. Die Töpfe hängen an den Wänden, Gläser mit selbstgemachter Marmelade reihen sich auf den Regalen. Hinter dem Spülbecken aus Stein und dem Herd schützen einige alte Delfter Fliesen oder Kacheln mit Schlickermalerei die Wand. Auf dem Boden sind sechseckige Fliesen oder heimischer Naturstein verlegt. In Küchen dieser Art werden natürliche Farben eingesetzt: die Wände sind sandfarben, maulwurfbraun, ocker oder blau-weiß. Neben gebrauchsfertigen Antik-Anstrichen findet man natürliche Pigmente, um den Kalk wie früher zu färben. Das Holz ist gewachst oder in Patina-Farben gestrichen.

Die Landhausküche kann sich auch dem Modernen öffnen – mit gewollt starkem Kontrast zwischen alten Materialien und modernen Möbeln oder umgekehrt.

Einen antiken Look beibehalten oder neu verleihen – das ist der Landhausstil, der ganz ohne Nostalgie die Vergangenheit mit ökologischen Materialien zurückholt.

Tisch, Stühle, Regale und die Anrichte wurden weiß gestrichen, um ihnen trotz der unterschiedlichen Herkunft einen einheitlichen Look zu verleihen.

Stöbern nach Herzenslust

► Um einen authentischen Look zu rekonstruieren, muss man zum Trödler werden. Kaufen Sie die Elektrogeräte und die Wasserhähne neu und erstehen Sie den Rest bei Antiquitäten- oder Trödelhändlern: Geschirrschränke, Bauerntische, alte Schulbänke, Hängelampen, Gewürzwaagen usw.

► Für den Boden finden Sie echte Terrakottafliesen beim Altwarenhändler. Kunststein, der mit der Zeit abgenutzten Fliesen zum Verwechseln ähnlich sieht, ist weniger kostspielig.

Aus Alt mach Neu

Im Gegensatz zur Einbauküche ist die „Aus-Alt-mach-Neu-Küche" völlig bunt zusammengewürfelt. Tische und Anrichten, die preisgünstig in Secondhand-Läden, auf Floh- oder Trödelmärkten erstanden oder sogar an Sperrmülltagen auf der Straße gefunden wurden, erscheinen in einem ganz anderen Licht, wenn sie erst einmal in einer hellen, frischen, knalligen Farbe gestrichen sind – oder warum nicht in Schwarz? Mit einer Schablone können Sie auch ein paar schmückende Schriftzüge daraufschreiben. Und fügen Sie doch ein paar einzelne Stühle in verschiedenen Farben hinzu. Einige Möbel dürfen auch unverändert bleiben, mit allen Spuren ihrer Vergangenheit. Wenn Sie ein etwas höheres Budget haben, suchen Sie sich alte Gastronomiemöbel oder für einen industrielleren Stil Fabriklampen, Metallfächer oder Werkbänke aus Stahl.

Nichts geht verloren, alles findet eine neue Bestimmung – in Kollektionen, die sowohl nützlich als auch hübsch anzusehen sind.

Alles in Reichweite

► Das wichtigste Kriterium ist der praktische Aspekt: Alles muss gut erreichbar sein.

► Dies schließt eine gewisse Ästhetik nicht aus: Hübsche Alltagsgegenstände werden wie Sammlungen präsentiert.

► Aneinandergereihte Gläser, aufgehängte Utensilien und Töpfe, Gewürztöpfchen, in ein Gestell über dem Spülbecken geräumtes oder auf Regalbrettern gestapeltes Geschirr schaffen eine warme und gesellige Stimmung.

► In den Schränken findet alles Platz, was nicht so schön aussieht: Putzmittel, Reinigungsaccessoires usw.

► Gemüse findet seinen Platz in Weidenkörben oder bemalten Kisten, und Töpfe mit aromatischen Kräutern reihen sich vor dem Fenster auf.

► Magnete, mit denen kleine Notizzettel befestigt werden, verschönern den Kühlschrank.

Vom Mauerputz befreit, verleihen die alten Ziegel dieser Küche ihren Charakter. Die Schranktüren wurden aus einer alten Garagentür gefertigt.

Der Designer-Stil

Der Designer-Stil ist das Synonym für modern, sehr grafisch und ohne die geringste Unregelmäßigkeit. Er wird eher mit modernen Wohnungen in Verbindung gebracht, doch es ist durchaus möglich, ihn in einem alten Umfeld zu verwirklichen: Dieser Kontrast bringt das Design noch mehr zur Geltung. Dieser Einrichtungsstil, bei dem nichts sichtbar ist, passt gut für offene Küchen. Mit Küchenelementen zum Zusammenbauen ist es auch möglich, selbst eine Küche dieser Art zu entwerfen. Denken Sie bis ins kleinste Detail über die Organisation nach, wie ein Küchenstudio es tun würde. Bei Profis ist die Küche ergonomisch, und bei den einfallsreichen Stauraummöglichkeiten würde an alle Geräte und Accessoires gedacht. In Reichweite zwischen Knie- und Augenhöhe platziert, finden oft verwendete Elemente ihren Platz. Je seltener etwas gebraucht wird, desto weiter weg verstaut man es, ganz oben oder ganz unten.

Beim Designer-Stil verwendet man neue Materialien wie Verbundwerkstoffe – u. a. Corian®– oder Schichtstoffe, aber auch Glas und glänzenden oder gebürsteten Edelstahl. Auch natürliche Materialien passen hier gut: Die Arbeitsplatte kann aus Granit, Marmor oder emailliertem Lavastein sein. Exotisches oder europäisches Holz ist ebenfalls nicht ausgeschlossen: Es verleiht dieser sterilen, hygienischen Küche Wärme, in der die Griffe diskret, geradlinig und manchmal unsichtbar am Rand der Tür oder der Schublade angebracht werden.

Die Farbe Weiß wird nach wie vor mit Sauberkeit in Verbindung gebracht und bleibt das Sinnbild für den Designer-Stil, doch dieser zeigt sich immer öfter auch in kräftigen Farben.

Möbel mit glatten Fronten, gerade oder unsichtbare Griffe und eine geradlinige, grafische Ausstattung sind typisch für den Designer-Stil.

◄ Der aus schwarzem Stein geschnittene Tresen verleiht dieser Küche viel Persönlichkeit.

Frischer Wind durch Farbe

Farbe in der Küche belebt den Raum. Man findet sie auf den Verkleidungen der Schränke, auf der Rückwand und an den Wänden, als Anstrich oder als Tapete. Zarte Farben verleihen den Eindruck von Platz und Helligkeit, kräftige Farben sind Ausdruck von Energie.

Die Auswahl ist groß: Neben Weiß und Schwarz, Stahlgrau und verschiedenen Holzabstufungen sind alle Pastellfarben oder kräftige Farben möglich. Sie können fertig gekauft oder, wie einige Schichtstoffe, bestellt und angemischt werden. Es gibt auch zahlreiche Nuancen, die man auf Holztüren anbringen kann, um ein wenig frischen Wind in seine Küche zu bringen.

Auch für die Arbeitsplatte und die Rückwände gelten keine Einschränkungen: Die Farbe kann den Möbeln angepasst werden und mit den Fronten ein beruhigendes einfarbiges Gemälde bilden oder einen dynamischen Kontrast schaffen.

Die Farbe kann als Effekt auf einem kleinen Schrank auftauchen, als Streifen an der Wand oder auch als Sticker.

Wandfarben

Wenn am Rand oder oberhalb der Schränke nur eine kleine Wandfläche übrig bleibt, muss diese nicht durch Kontrast hervorgehoben werden. Streichen Sie sie lieber in der gleichen Farbe wie die Elemente. Ist die verbleibende Fläche jedoch groß, kann die Wand wirklich Einfluss auf den Stil Ihrer Küche haben. Ob weiß oder neutral, sie kann sich im Hintergrund halten, um die Farbe der Küche selbst zur Geltung zu bringen. Ein Anstrich in einer Kontrastfarbe verleiht dem Ganzen die Kraft eines modernen Gemäldes.

Die Farbe kann auch auf die Rückwand abgestimmt werden: Es ist einfach, die genaue Nuance von Fliesen zu finden oder anmischen zu lassen. Eine weitere Möglichkeit ist die Monochromie: Wand, Elemente und Rückwand zeigen sich in der gleichen Farbe, eventuell in helleren und dunkleren Abstufungen. Acrylfarben lassen sich problemlos laugen, auch in Matt. Tipp: Auf spezieller Tafelfarbe auf einem Schild oder Schranktüren kann man wie auf einer Schultafel mit Kreide schreiben.

USTENSILES

Möbel und Schränke

Die Fronten der Elemente spielen für den Stil der Küche eine wichtige Rolle. Bei Schranktüren gibt es sämtliche Systeme: zum Aufklappen, Schieben, Heben, Kippen usw. Bei Unterschränken werden Türen immer häufiger durch Schubladen ersetzt, die – da leichter zugänglich – sehr praktisch sind.
Meist werden die Standardschränke durch Türen verschlossen, und das Ganze wird auf Füße gesetzt. Es gibt zwei Möglichkeiten: eine Leiste verlegen, um diese zu verbergen, und eventuell Schubladen einbauen, was in kleinen Küchen für zusätzlichen Stauraum sorgt; oder die Füße sichtbar lassen, denn wenn sie hoch sind, verleihen sie der Küche mehr Leichtigkeit.
Für mehr Dynamik mischen Sie zwei ganz unterschiedliche Arten: Holz und Edelstahl, Weiß und Schwarz, Schwarz und Farbe, Edelstahl und Farbe usw.
Denken Sie bei besonders tiefen Schränken auch an eine Innenbeleuchtung, die beim Öffnen der Tür automatisch angeht.

Die Wahl der Front

Holzfronten gibt es aus Eiche, Ahorn, Buche, Pappel, Birke, Teak usw. Bei einem modernen Look sind sie eben; bei einem etwas klassischeren Stil umschließt ein Rahmen aus Massivholz mit Bordüre ein dünnes Brett aus Sperrholz. Naturholz kann geölt, gewachst, mit einer Lackschicht überzogen, lasiert, gestrichen, poliert usw. werden.
Edelstahlfronten bieten mit einer matten, gebürsteten, polierten oder gewellten Optik einen Industrie- oder Designer-Look. Sie sind relativ pflegeleicht: mit einem in heißes Wasser getauchten Schwamm abreiben, dann mit einem Baumwolltuch nachreiben. Edelstahl wird jedoch nicht empfohlen, wenn Sie kleine Kinder haben – mit hübschen, aber manchmal dreckigen Fingern!
Lackfronten bieten eine glänzende, glatte und harte Oberfläche in vielen verschiedenen Farben. Sie sind von guter Qualität, jedoch relativ teuer.
Fronten aus mit Polymer beschichteten Spanplatten haben seidige oder matte Oberflächen; sie sind einfarbig oder als Holzimitat gestaltet.
Glasfronten werden auf einem Rahmen aus Holz oder Metall (meistens Aluminium) montiert. Gehärtetes Glas, Sandglas oder Drahtglas ist nicht nur den Oberschränken vorbehalten, sondern kann bei allen Küchenfronten eingesetzt werden.

Der richtige Griff

► Die Griffe tragen zum Stil bei: als Knopf, verschnörkelt, geradlinig, zum Ziehen usw. Sie können fast unsichtbar sein, im Profil der Tür verschwinden oder durch ein Federsystem ersetzt werden.

Die leuchtenden Farben der lackierten Türen stehen in klarem Kontrast zu dem Schwarz der Elektrogeräte und dem Grün der Wand.

Die Schiebetüren des Unterschranks wurden mit Klebefolie verziert und sehen auf einmal ganz anders aus.

Fronten aus Schichtstoff haben sich entscheidend weiterentwickelt. Der heutige Schichtstoff hat nicht mehr viel gemeinsam mit dem aus den 1960er-Jahren, weder im Aussehen noch in der Qualität. Es ist ein hartes Material, das aus mehreren mit Hochdruck zusammengefügten Papierschichten besteht und mit Melamin überzogen wird. Anschließend wird er auf einen Träger geklebt. Er ist preisgünstig und bietet inzwischen eine große Auswahl an verschiedenen Farben, Motiven und teilweise verblüffenden Stoffeffekten.

Bastler können sich selbst ihre Schranktüren bauen, wie hier aus alten Holzfensterläden.

Gestalten Sie Türen individuell

▶ Ein neuer Anstrich verjüngt Türen mit einer rustikalen Zierleiste. Bei dem Anstrich können Sie mit zahllosen Farben spielen und diese für ein sehr individuelles Dekor miteinander kombinieren.

▶ Auch melaminbeschichtete Türen kann man streichen, wenn man sie vorher abschleift und eine Schicht Haftgrundmittel aufträgt.

▶ Ebene Türen können vollständig mit einer Klebefolie überzogen werden. Diese gibt es in sämtlichen Farben. Sie können auch mit horizontalen oder vertikalen Streifen arbeiten.

▶ Sie können sich auch für vorgedruckte Folien von Digitalfotos entscheiden oder dem Sticker-Trend folgen.

Da ist sie wieder, die Anrichte von früher. Mit neuem Anstrich ist sie ein hübsches Deko-Element und bietet viel Stauraum.

Die Kunst des Aufräumens

In einer Küche gibt es grundsätzlich nie genug Stauraum: Wenn Sie ausreichend Platz haben, seien Sie in diesem Punkt großzügig. Zwei Optionen: Entweder Sie verbergen alle Utensilien, damit die Küche sauber bleibt, oder Sie setzen alles in Szene, wobei das Überladene auch einen ästhetischen Effekt kreiert. Die Zwischenlösung: Stauraum hinter Glastüren, sodass Sie immer sofort den richtigen Teller oder das passende Glas finden. Offene Regale sind auch eine Lösung, um gängige Accessoires unterzubringen. Sie sind leichter zugänglich, aber hier sollte Ordnung herrschen!

Aufräumen – gewusst wie

Versehen Sie Unterschränke eher mit Schubladen als mit Türen, denn so kommt man leichter bis ganz nach hinten. Bei Oberschränken ist eine Kipptür praktischer, denn sie kann offen bleiben, ohne zu stören. Für Elemente, die bis zur Arbeitsplatte herunterreichen, bietet sich ein Rollo an.

Utensilien und Zutaten in einem Eckschrank sind leichter zugänglich, wenn sie auf Drehregalen angeordnet sind.

Nutzen Sie schlecht erreichbaren Platz in der Höhe, um dort die Dinge unterzubringen, die Sie selten brauchen: in Körben oder Schachteln mit Deckel aus Polypropylen, die leicht gereinigt werden können.

Nutzen Sie auch die kleinsten Ecken. Ein schmaler, aber tiefer Platz kann über die gesamte Höhe mit einem Apothekerschrank für die Küche genutzt werden.

Gibt es eine kleine Vertiefung in einer Mauer? Platzieren Sie schmale Regale in die Nische. Gewürze, Teedosen oder aufgereihte Gläser finden dort ihren Platz.

Bei diesen schmalen Schubladen, bei denen die komplette Tiefe der Arbeitsplatte genutzt wird, geht kein Platz verloren.

Stauraum, ein individueller Bedarf

Für ein perfektes Ordnungssystem stellen Sie eine Liste der Dinge auf, die Sie verstauen müssen. Stellen Sie sich die richtigen Fragen:

- Wie kann ich Töpfe und Pfannen in Herdnähe unterbringen?
- Wohin kommen Geschirr und Gläser?
- Wohin kann ich oft benutzte Geräte (Toaster, Kaffeemaschine, Mixer) stellen? Denken Sie auch an die Steckdosen!
- Wie kann ich Gewürze ordnen?
- Wohin kann ich Utensilien stellen, die man nicht aufhängen kann?

▲ An einer tiefen, aber schmalen Stelle wurde ein Apothekerschrank installiert. Diese Idee können Sie in allen Ecken umsetzen, die eigentlich nicht nutzbar sind.

Kleine Tricks

Befestigen Sie an der Rückwand Stangen oder Schienen und hängen Sie daran Utensilien auf. Wenn Sie genug Platz haben, um eine breite Arbeitsplatte zu montieren, versehen Sie diese hinten mit Fächern mit Deckel, in denen Salz, Gewürze oder sogar Schwämme Platz finden, oder mit einer verzierten Schiene für Messer.
Aber der wichtigste Tipp für eine gut aufgeräumte Küche ist: Gewöhnen Sie jeden daran, alles wieder an seinem Platz zu räumen, und nur dorthin!

◄ **Gewinnen Sie zusätzlichen Stauraum, etwa in Fächern über dem Kühlschrank.**

Der Mülleimer

In einer Zeit, in der Verschwendung klein- und Recycling großgeschrieben wird, beginnt die Mülltrennung bereits in der Küche.

► Den Mülleimer im Waschkessel-Stil (mit einem etwas lauten Deckel) gibt es inzwischen in verschiedenen Lackfarben.

► Der Mülleimer mit einem Pedal ist praktischer, da er ohne Hände geöffnet werden kann. Andere öffnen ihren Deckel auf eine Berührung mit dem Finger hin. Einige haben zwei Fächer, um organische Abfälle und recycelbare Verpackungen zu trennen.

► Ein eckiger, eingebauter Mülleimer hat meistens nur ein geringes Fassungsvermögen.

► Eine Müllschublade ist in Fächer unterteilt, um den Müll trennen zu können. Meist gibt es auch ein Fach für gebrauchte Batterien!

► Eine andere Lösung für organische Abfälle: eine Öffnung mit Deckel in der Arbeitsplatte, und die Schalen fallen direkt in einen Behälter. Wenn Sie einen Garten haben, können Sie sie kompostieren.

► Und in Zukunft? Der Mülleimer von morgen, der bereits in einigen Ländern verwendet wird, presst den Abfall zusammen. Das bedeutet mehr Platz, weniger Müllabfuhr, weniger Umweltverschmutzung usw.

Passende Lichtverhältnisse

Damit die Beleuchtung stimmt, sollte sie schon bei der Planung der Küche berücksichtigt werden.
Sie besteht zunächst aus einem Grundlicht. Spots über die gesamte Fläche einer Zwischendecke sind die bevorzugte Lösung, denn sie tauchen das gesamte Zimmer in gleichmäßiges Licht. Die kleine Investition in einen Dimmer kann sich zudem als sehr nützlich erweisen.
Zum Kochen und Zubereiten brauchen Sie eine weitere Beleuchtung an der Arbeitsplatte und beim Kochfeld. Achten Sie darauf, dass das Licht weder zu schwach noch zu stark ist, besonders wenn das Zimmer hell ist, um einen „Krankenhaus-Stil" zu vermeiden. Wenn es keine Möbel über der Arbeitsplatte gibt, installieren Sie Wandleuchten oder drehbare Spots.

Die Essecke

Für die Essecke bleibt eine Hängelampe, die von oben beleuchtet, die ideale Lösung, vor allem, wenn man sich für ein höhenverstellbares Modell entscheidet, mit dem man verschiedene Stimmungen schaffen kann. Verwenden Sie je nach Tischgröße zwei oder drei Hängelampen, damit die Beleuchtung überall gleichmäßig ist. Entscheiden Sie sich lieber für drei mittelstarke Glühbirnen als für eine sehr starke, die schnell anstrengend für die Augen wird. Wählen Sie abwaschbare Schalter und montieren Sie diese auf Ellbogenhöhe, um das Licht auch dann ein- und ausschalten zu können, wenn Sie die Hände voll haben. Verwenden Sie auch hier am besten einen Dimmer.

Die Beleuchtung über dem Tisch und unter den Oberschränken über der Arbeitsfläche garantiert Komfort für die Augen.

PRAKTISCHES

Welche Küche brauche ich?

Dieser kleine Fragebogen wurde entwickelt, um Ihnen bei der Ausarbeitung Ihres Einrichtungs- und Dekorationsprojekts zu helfen. Antworten Sie so genau wie möglich auf die folgenden Fragen, damit das Deko-Profil Ihrer zukünftigen Küche genau bestimmt werden kann, genau wie es ein Profi (Architekt oder Innenausstatter) machen würde.

Nehmen Sie sich die Informationen in diesem Buch zu Hilfe, und Sie erhalten eine individuelle Zusammenfassung. Das Ziel: eine gelungene Küche, die Ihrem Geschmack, Ihrem Budget und Ihrer Lebensart entspricht.

▶ DIE BENUTZER

• Wie viele Personen leben in Ihrem Haus oder in Ihrer Wohnung?

....

• Haben Sie kleine Kinder? Gehen Ihre Kinder schon zur Schule? Machen sie ihre Hausaufgaben in der Küche?

....

• Haben Ihre Kinder oft Besuch von ihren Freunden?

....

• Laden Sie oft Freunde zum Essen ein? Im kleinen Rahmen oder eher anspruchsvoll?

....

....

• Finden diese Einladungen in Ihrer Küche oder in einem anderen Raum statt?

....

....

• Haben Sie Haustiere?

....

► DAS KOCHEN

• Was kochen Sie? Eher einfache, minimalistische Speisen oder scheuen Sie keine Kosten und Mühen?

....

• Brauchen Sie eine große Arbeitsfläche? Einen bestimmten Spülbeckentyp?

....

• Kaufen Sie oft frische Lebensmittel auf dem Markt ein oder besorgen Sie einmal pro Woche alles im Supermarkt?

....

• Brauchen Sie einen großen Kühlschrank und/oder eine Gefriertruhe?

....

• Wie viel Platz brauchen Sie

– für Gewürze.......................................

....

– für Flaschen.......................................

....

– für Geschirr.......................................

....

– für Utensilien.......................................

....

– für Kleingeräte.......................................

....

• Bevorzugen Sie Gas oder Strom?

....

• Möchten Sie eine Essecke integrieren, auch wenn es ein kleiner Raum ist?

....

• Was machen Sie außer Kochen und/oder Essen noch in der Küche? Muss dies für die Einrichtung in Betracht gezogen werden?

....

....

• Brauchen Sie Platz für eine Waschmaschine? Für ein Bügelbrett, ein Bügeleisen usw.?

....

• Wo möchten Sie Besen und Putzmittel verstauen?

....

• Trennen Sie Ihren Müll?

....

► IHRE DERZEITIGE KÜCHE

• Entspricht Ihre derzeitige Küche Ihrer Lebensart?

....

....

• Was gefällt Ihnen am aktuellen Zustand?

....

....

• Was ist praktisch?

....

....

• Wo sind die Mängel?

....

....

• Gibt es genügend Stauraum?

....

....

• Ist die Höhe der Arbeitsfläche Ihrer Größe angepasst?

....

► WELCHE KÜCHE BRAUCHEN SIE?

• Welche Planung passt am besten zu Ihrem Raum?

....

• Möchten Sie einen Teil Ihrer Elektrogeräte oder sogar alle behalten? Werden diese in die neue Küche integriert?

....

....

• Welche müssen/möchten Sie erneuern?

....

• Sollen sie eher freistehend oder zum Einbauen sein?

....

• Möchten Sie nur die Türen und die Griffe verändern? Renovieren und dabei einen Teil der bestehenden Küche behalten? Oder ganz bei null anfangen?

....

....

• Welches Budget können Sie für Ihre neue Küche aufbringen?

....

▶ STILFRAGE

• Welche(r) Stil(richtungen) haben Ihnen in diesem Buch gefallen?

....

• Bevorzugen Sie Küchen, in denen man nichts sieht, solche, in denen alles in Reichweite ist, oder eine Mischung aus beiden?

....

• Welche Farben mögen Sie?

....

• Welche Materialien gefallen Ihnen?

– für den Boden..

....

– für die Wände..

....

– für die Rückwand und die Arbeitsplatte

....

– für die Geräte..

....

– für die Möbel..

....

▶ ORGANISATION DER ARBEITEN

• Was werden Sie selbst machen?

....

....

....

• Bei welchen Arbeiten ist der Einsatz eines Handwerkers nötig?

....

....

• Müssen Sie Genehmigungen einholen?

....

• Bei umfangreichen Arbeiten: Haben Sie die Möglichkeit, eine Behelfsküche in einem anderen Raum unterzubringen?

....

....

• Wo können Sie das verstauen, was Sie nicht jeden Tag unbedingt brauchen?

....

....

....

PLÄNE/Einrichtungsideen

KÜCHE IN U-FORM

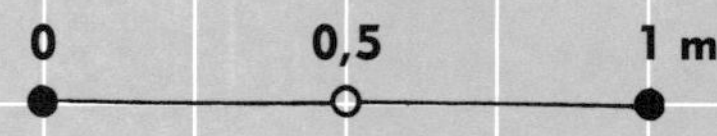

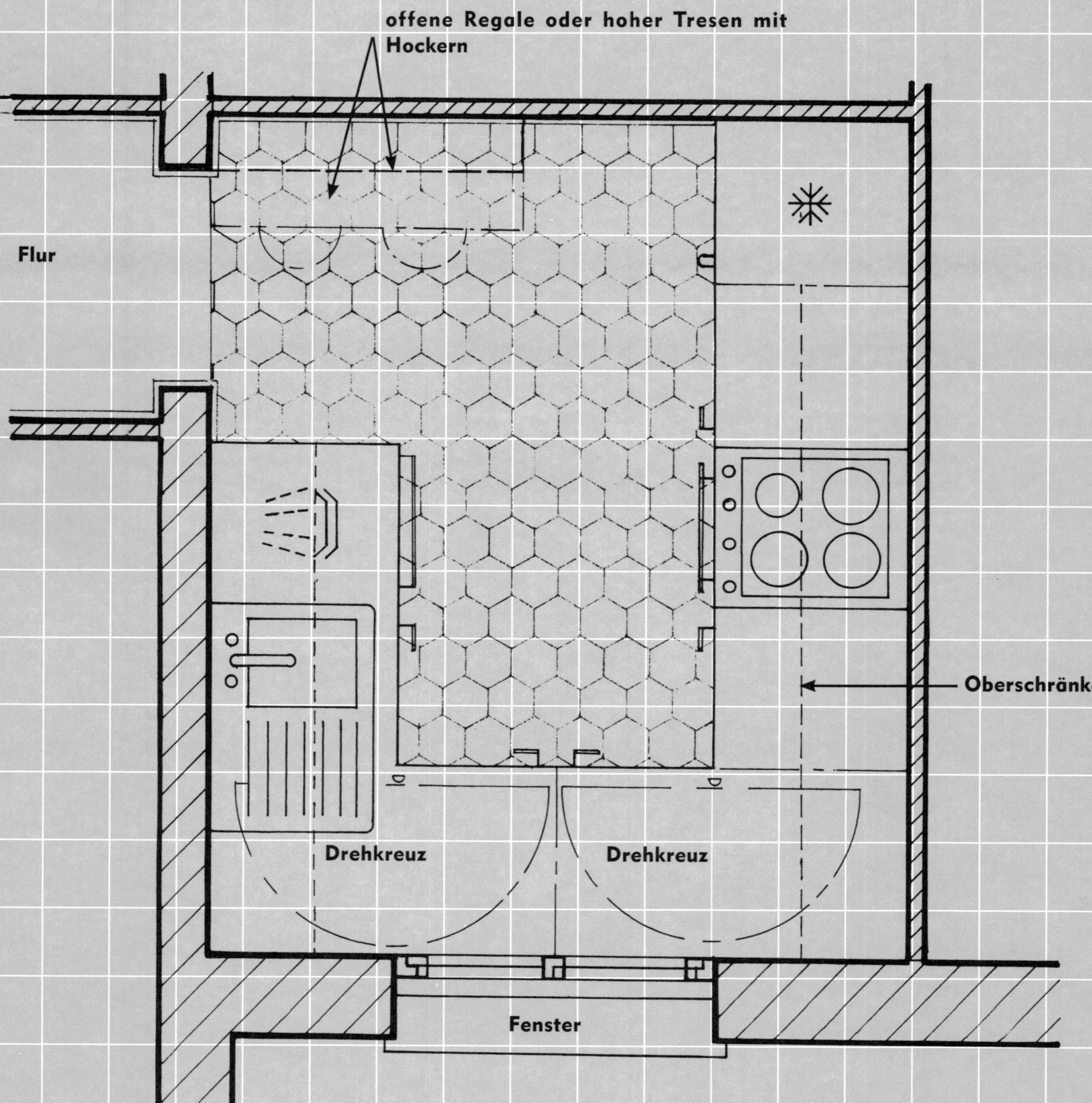

▶ Die Aufteilung in U-Form hat sich als optimale Lösung erwiesen, um bestmöglich von der kleinen Fläche dieser Küche zu profitieren. Alle unerlässlichen Einrichtungsgegenstände finden ihren Platz, das Geschirr ist in Oberschränken verstaut, und man verfügt über eine große Arbeitsfläche. Nur der Frühstücksplatz ist auf ein Minimum reduziert, aber das Esszimmer befindet sich gleich nebenan.

KLEINE KÜCHE MIT RUNDER WAND

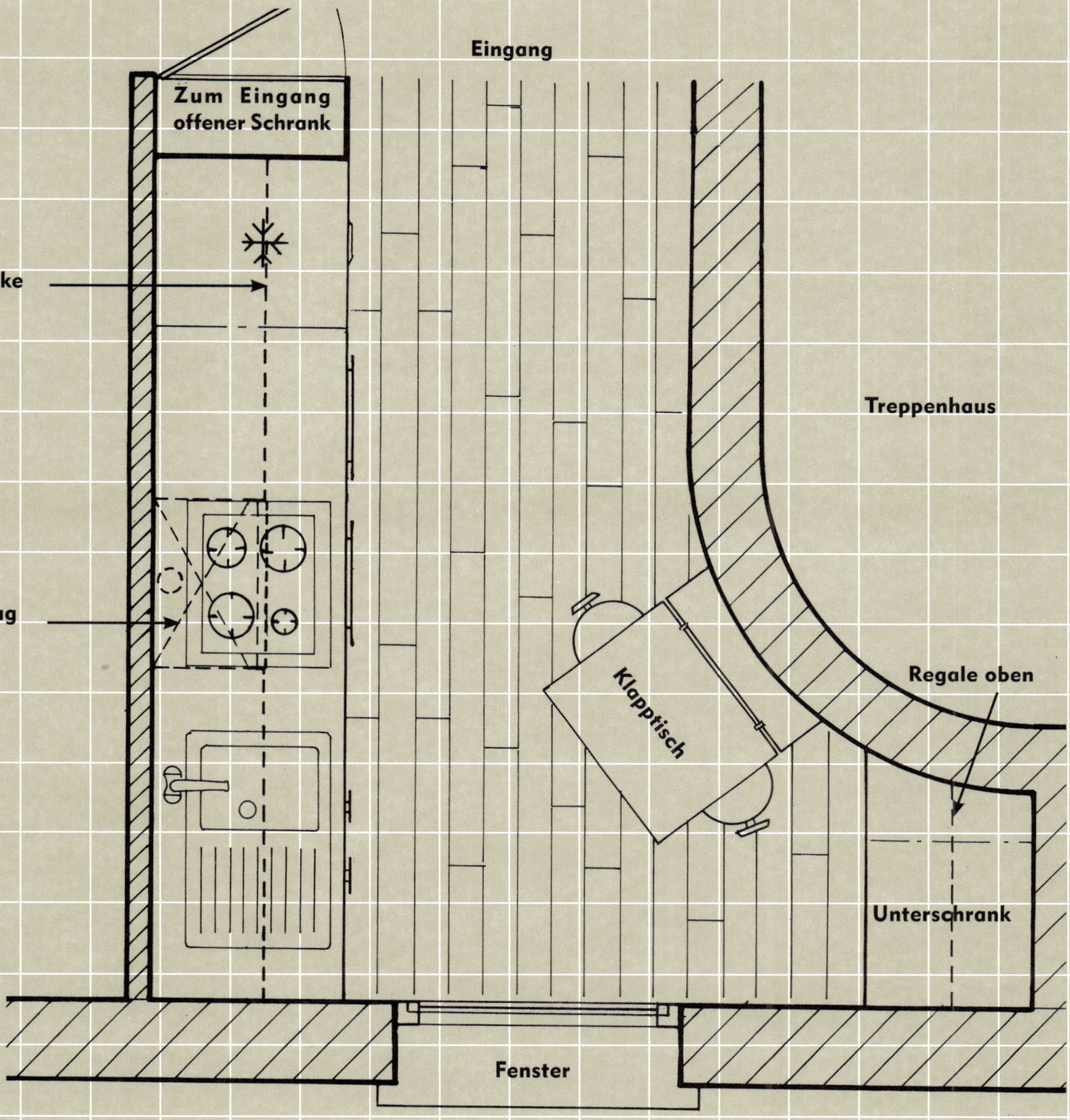

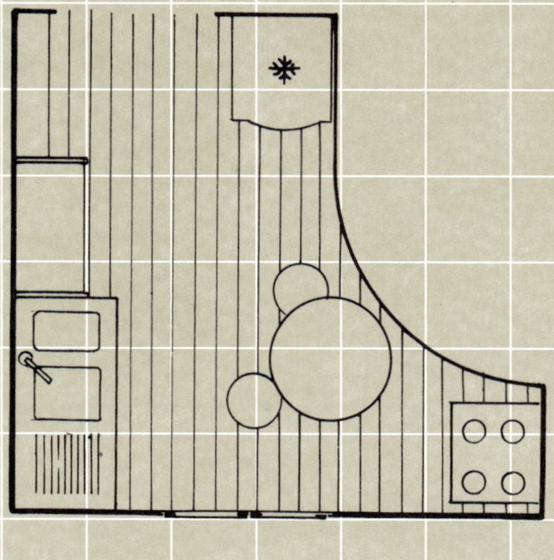

▶ In älteren Wohnungen war die Küche oft ein sehr kleiner Raum, um möglichst viel Platz für die Zimmer zu haben, in denen Gäste empfangen wurden. Hier befindet sie sich hinter dem Treppenhaus des Gebäudes, was die abgerundete Wand erklärt. Auf dem Unterschrank ganz am Ende dieser Rundung liegt eine Platte, die sich der Form der Wand anpasst; im darunter verbleibenden Platz können Klapphocker verstaut werden.

KÜCHE IN L-FORM MIT INSEL

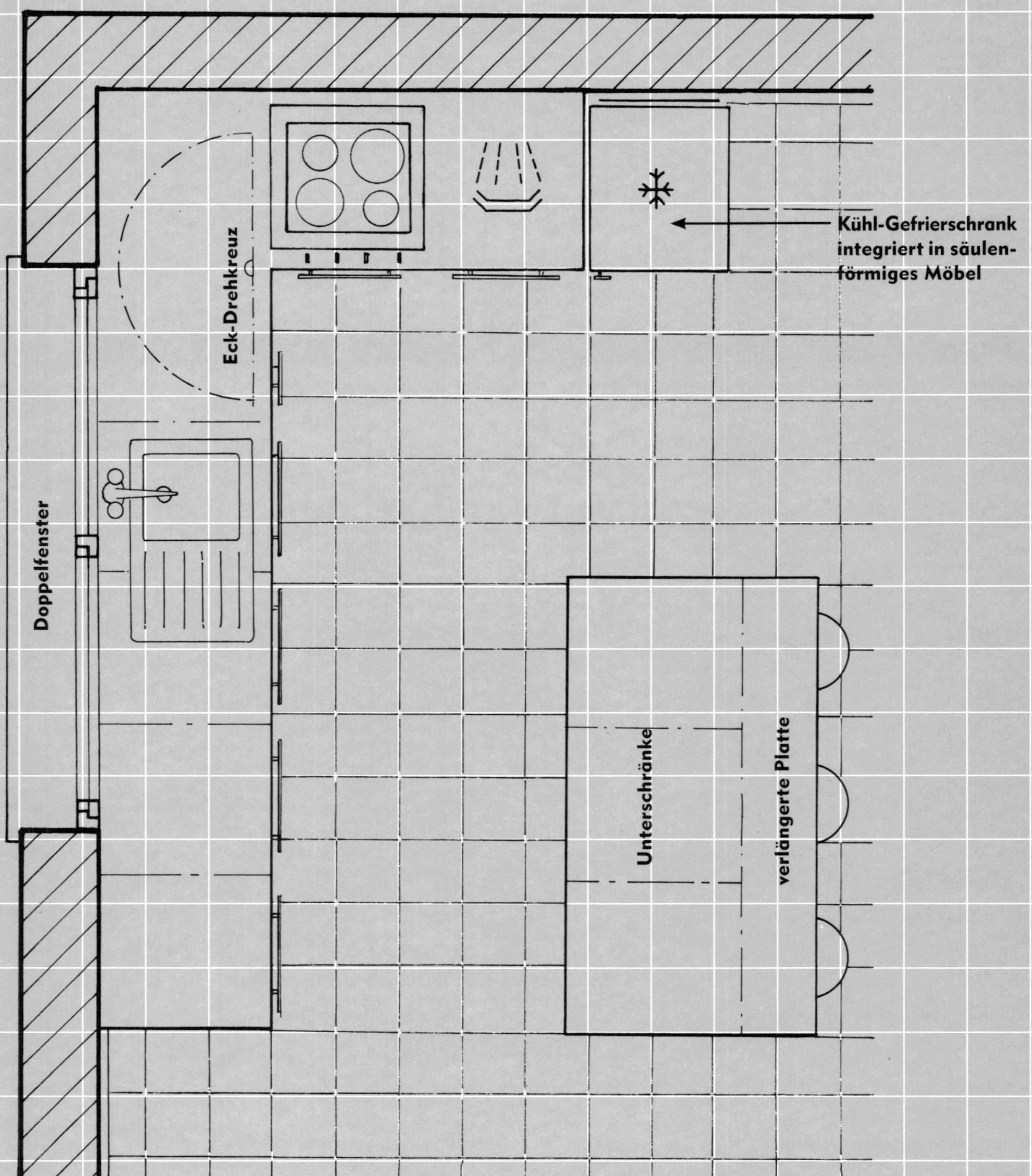

▶ Dieser geräumigen Küche in L-Form wurde eine Insel hinzugefügt, die auf der Küchenseite drei Schränke beherbergt. Die Arbeitsfläche wird auf der Wohnzimmerseite als Essecke verlängert. Schulkinder können dort eine Kleinigkeit essen und anschließend ihre Hausaufgaben machen.

KÜCHE MIT VERLÄNGERUNG ZUM FLUR HIN

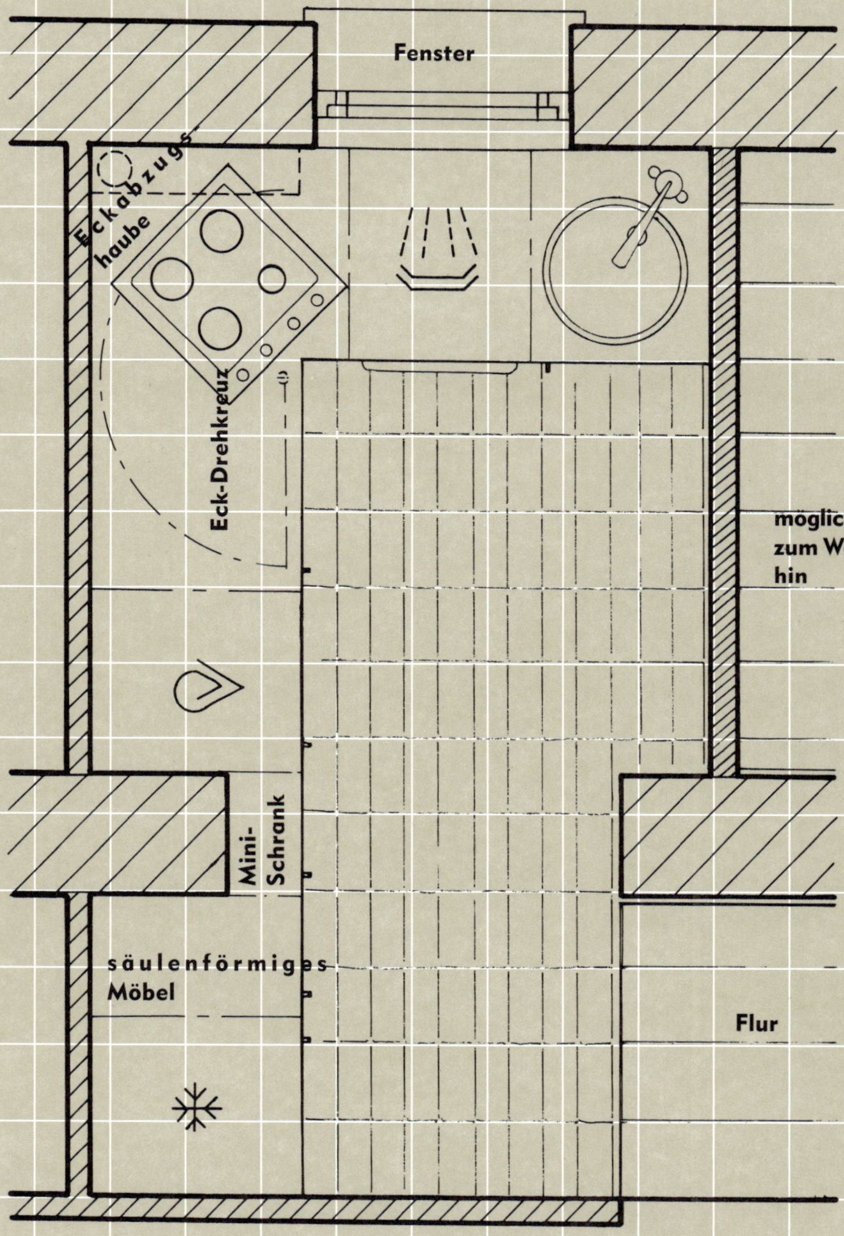

▶ Die Küche befindet sich am Ende des Flurs in einer Altbauwohnung. Man hat das Flurende genutzt, um die Schränke zu verlängern, einschließlich der tragenden Wand, wo der Schrank bis zum Sturz der ehemaligen Tür geht. Die Küche verfügt somit über mehr Stauraum und erscheint optisch weniger vom Rest der Wohnung isoliert.

KÜCHE MIT HALBER ÖFFNUNG ZUM WOHNRAUM HIN

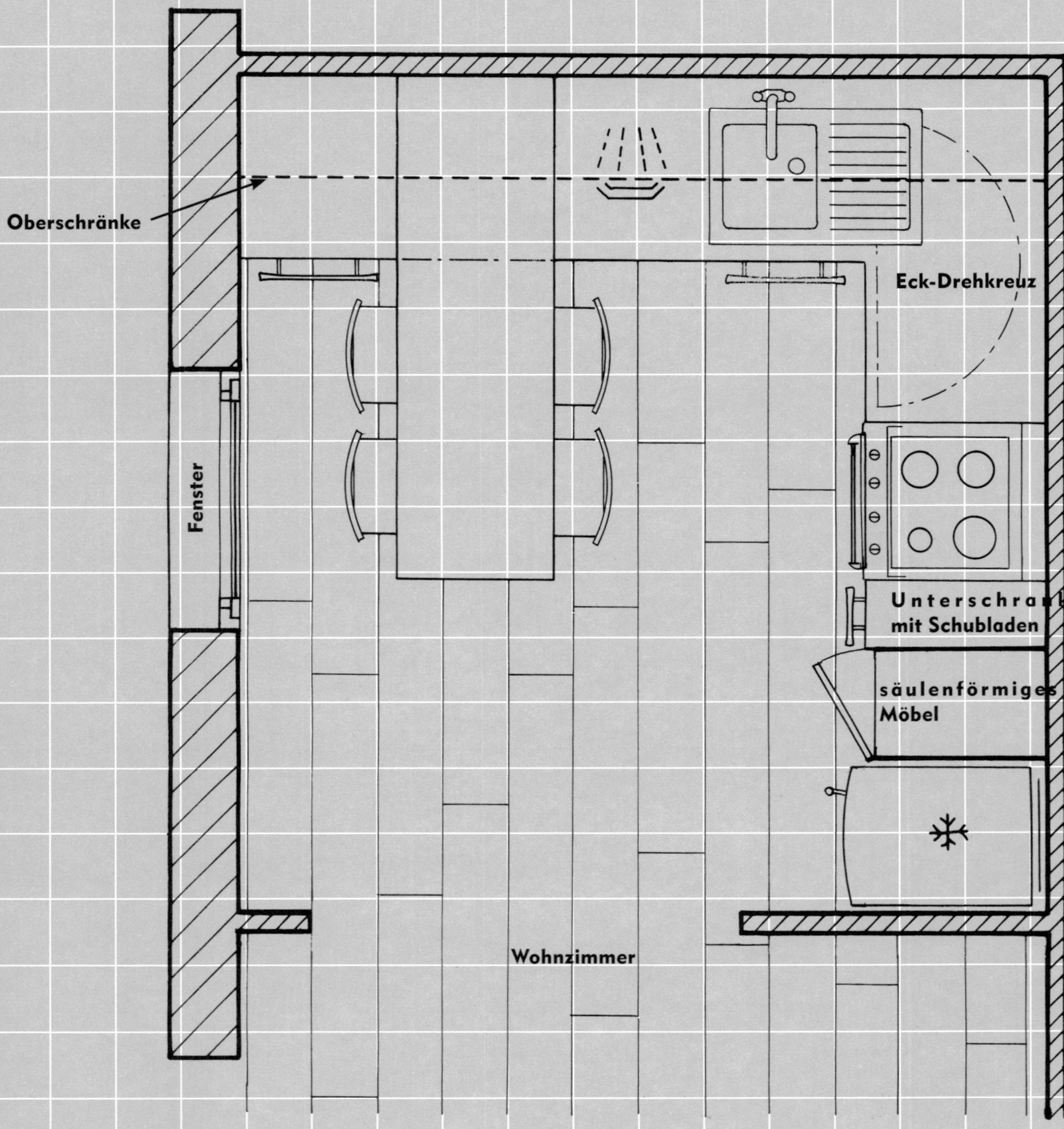

▶ Diese Küche ist zum relativ kleinen Wohnzimmer hin halb geöffnet und verfügt über einen Essbereich rechtwinklig zur Arbeitsfläche, über der auf der gesamten Länge Oberschränke angebracht wurden. Im Schrank unter der Erweiterung der Tischplatte werden die Dinge verstaut, die man nicht oft verwendet: große Töpfe, Raclette- oder Fondue-Zubehör usw.

KÜCHE MIT NEUER RAUMAUFTEILUNG

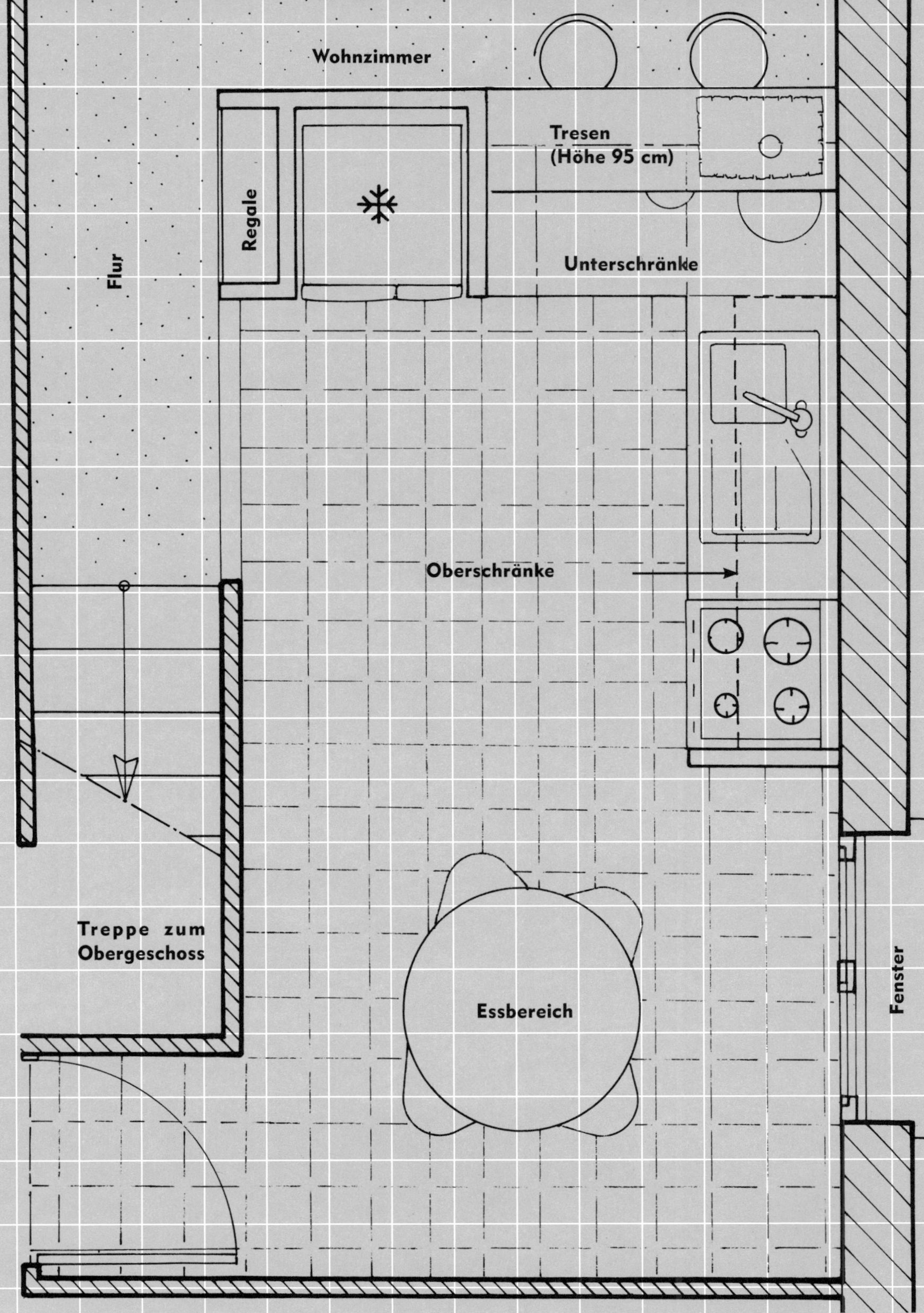

► Um den Raum zu öffnen, wurde ein Durchgang zum Flur geschaffen und die Mauer zur Brüstungsmauer gemacht. Von der alten Struktur blieb eine Säule erhalten: Sie wurde in die Regale auf der Wohnzimmerseite integriert und befindet sich neben dem Kühlschrank. Vor der Terrassentür wurde ein Essbereich eingerichtet.

LANG GEZOGENE KÜCHE

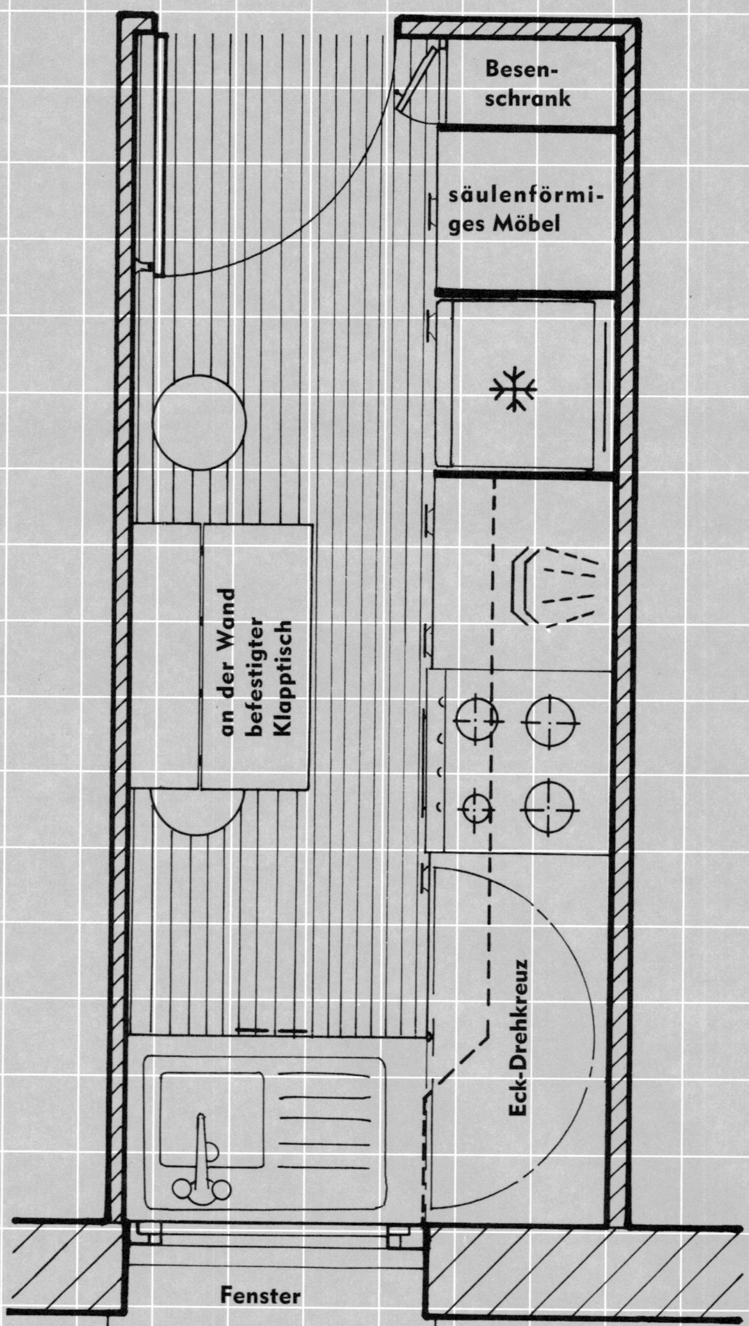

▶ In dieser lang gezogenen Küche in einem Gebäude aus den 1970er-Jahren werden die Speisen nur zubereitet. Doch es wurde ein Klapptisch an der Wand angebracht. Wenn er eingeklappt ist, dient er als Konsole und birgt Platz für zwei Klappstühle. Dieser Küchentyp eignet sich gut für eine Öffnung zum angrenzenden Wohnbereich hin.

ZUM WOHNBEREICH HIN OFFENE KÜCHE

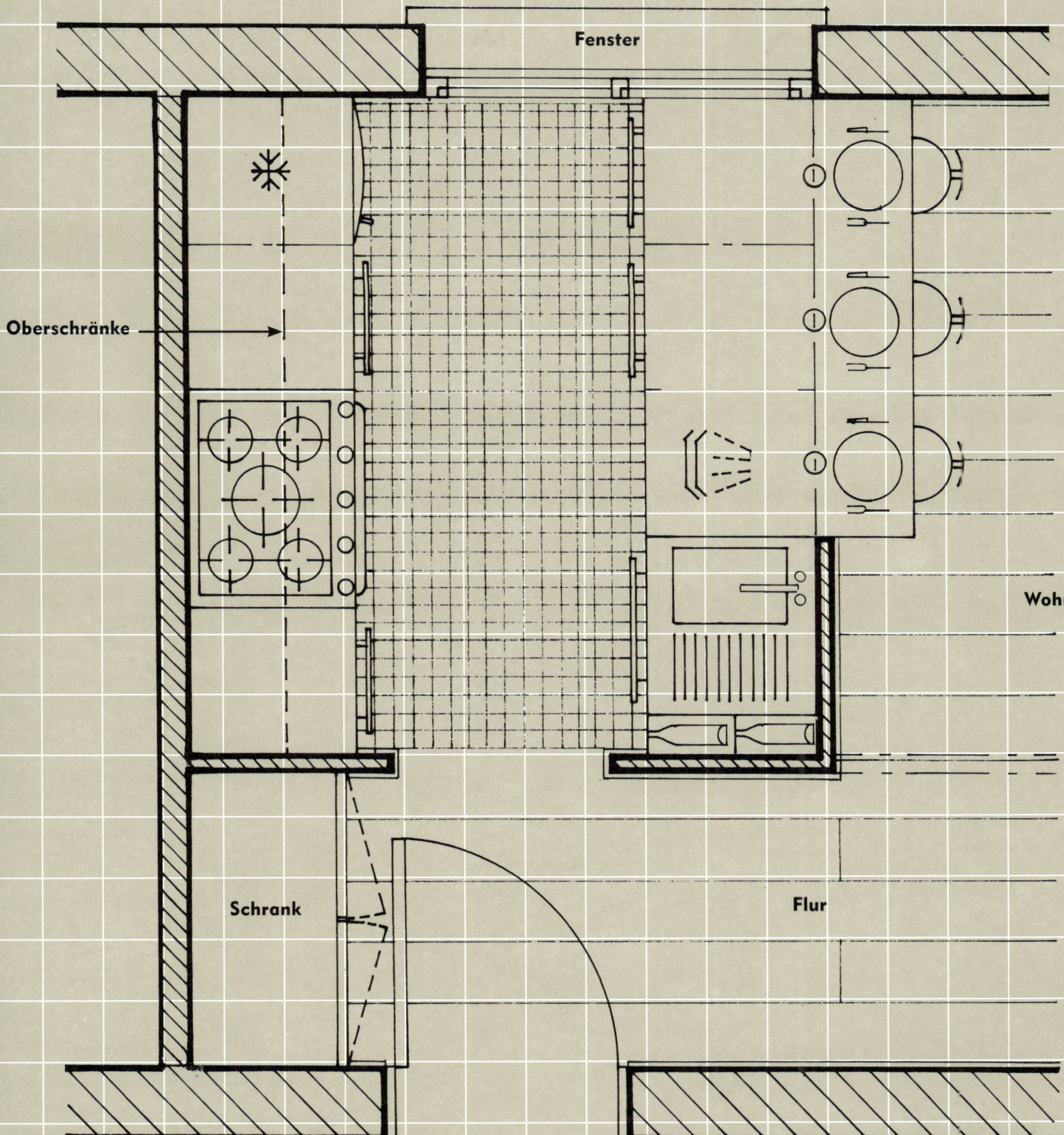

▶ Das Niederreißen von Abtrennungen ermöglicht eine optische Vergrößerung des Raums. Hier hat man die Küchentür und einen Teil der Trennwand zum Wohnbereich hin entfernt; dieser wurde durch die Fläche des Flurs vergrößert. Auch wenn man nicht an Stauraum gewonnen hat, wurde der offene Bereich viel angenehmer, und die Kommunikation mit Personen im Wohnzimmer ist ein geschätzter Pluspunkt.

KÜCHE UND WOHNBEREICH

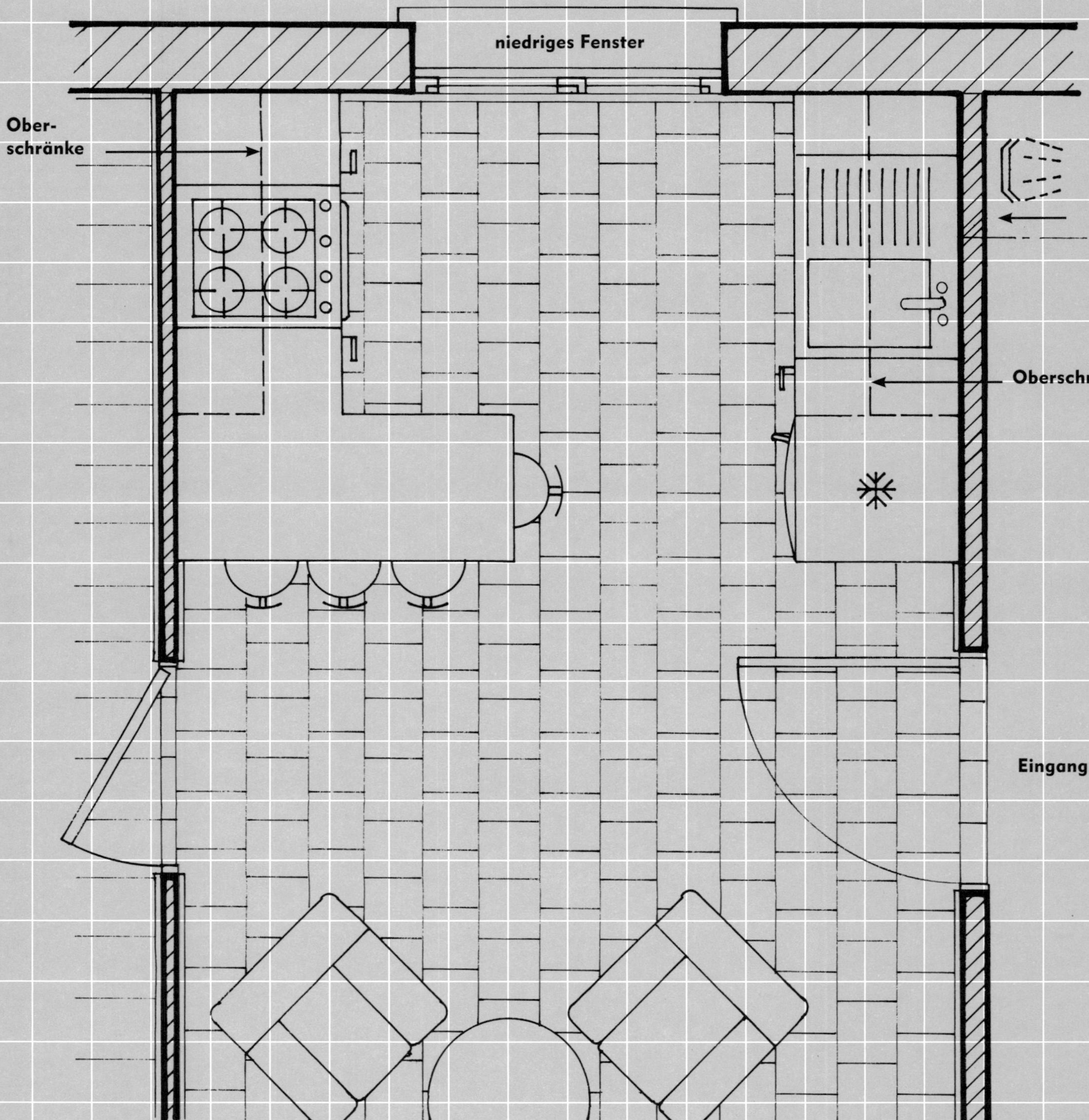

▶ In dieser kleinen Wohnung teilten sich eine winzige Küche und ein mittelgroßes Wohnzimmer den Raum rechts und links vom Flur. Dieser wurde zugunsten eines Wohn-Ess-Bereichs geopfert, der an beiden Seiten durch niedrige Fenster Licht erhält. Die Essecke, die im Küchenbereich eingerichtet wurde, geht nicht mehr von der Wohnzimmerfläche ab, sodass dieses zu seiner ursprünglichen Funktion zurückfindet.

KÜCHE MIT STUMPFER ECKE

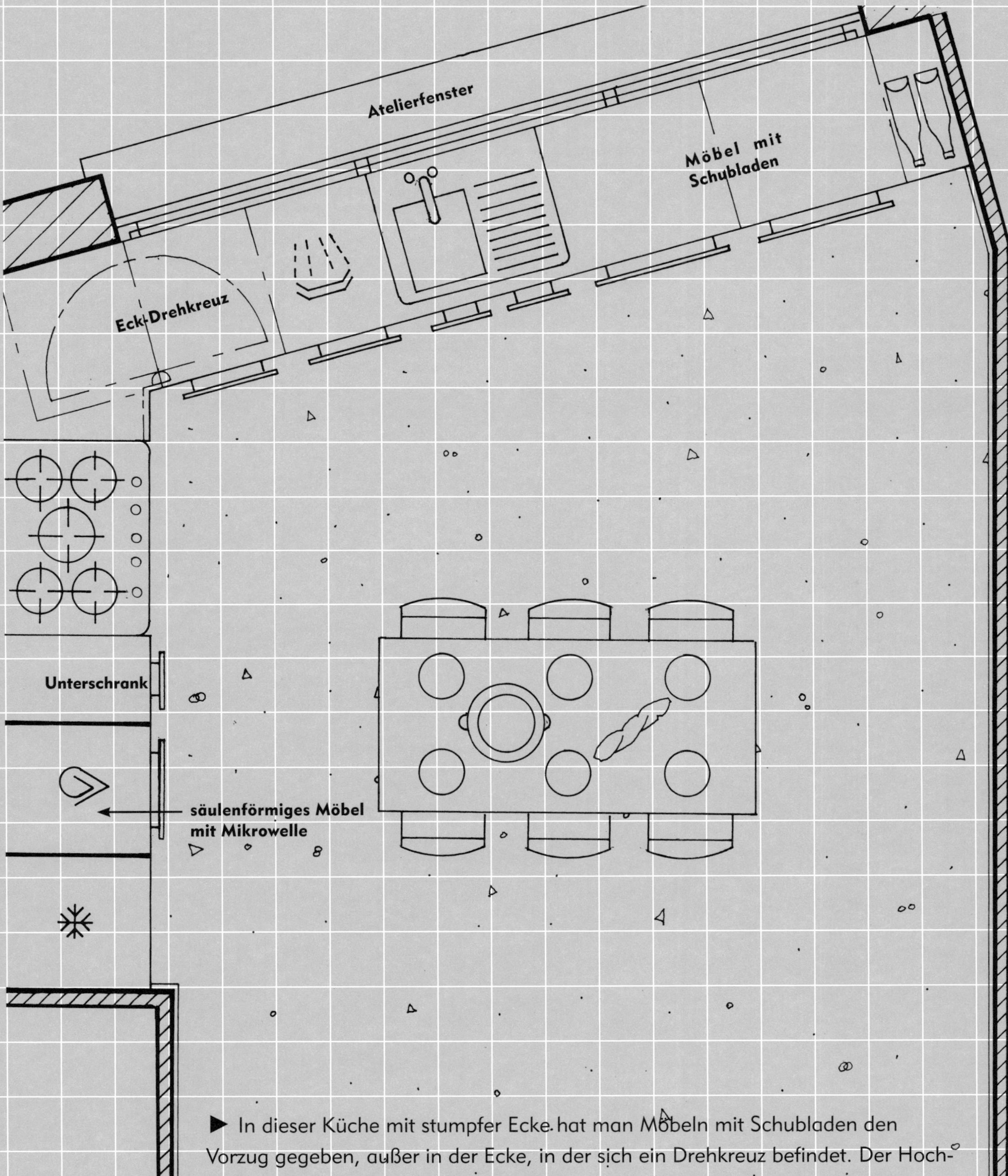

▶ In dieser Küche mit stumpfer Ecke hat man Möbeln mit Schubladen den Vorzug gegeben, außer in der Ecke, in der sich ein Drehkreuz befindet. Der Hochschrank, der an die Säule mit dem Kühlschrank angrenzt, ist ebenfalls mit Schiebetüren mit Schubladen versehen. Die Größe der Küche hat den Einbau einer Arbeitsplatte ermöglicht, die tiefer ist als Standardplatten (70 statt 60 cm).

RICHTEN SIE IHRE KÜCHE EIN

► Zeichnen Sie die Umrisse Ihres Raums (vergessen Sie dabei Fenster und Türen nicht) mit Hilfe dieses Rasters (1 cm = 20 cm).

► Auf der folgenden Doppelseite finden Sie verschiedene Modelle von Möbeln und Geräten. Fotokopieren Sie diese Elemente und schneiden Sie dann aus, was Sie brauchen, um es wie eine Schablone zu verwenden.

► Legen Sie die Schablonen auf Ihren Plan, um die Aufteilung zu finden, die am besten zu Ihrem Raum passt. Probieren Sie ruhig vieles aus, testen Sie alle Möglichkeiten!

STANDARDABMESSUNGEN

Maße in cm

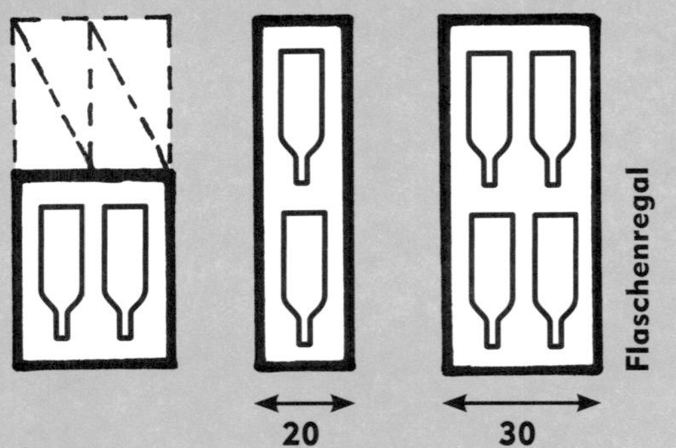

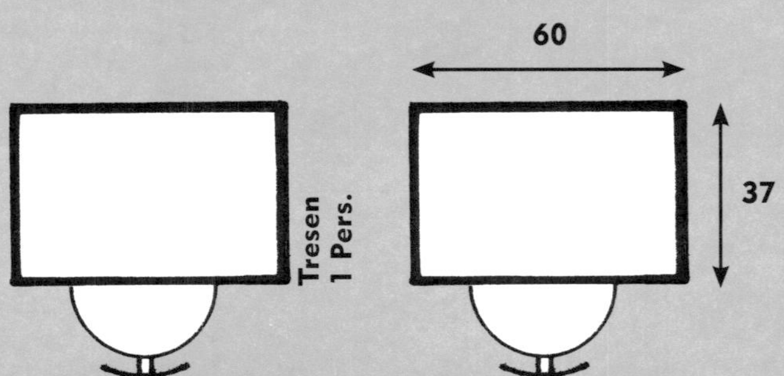

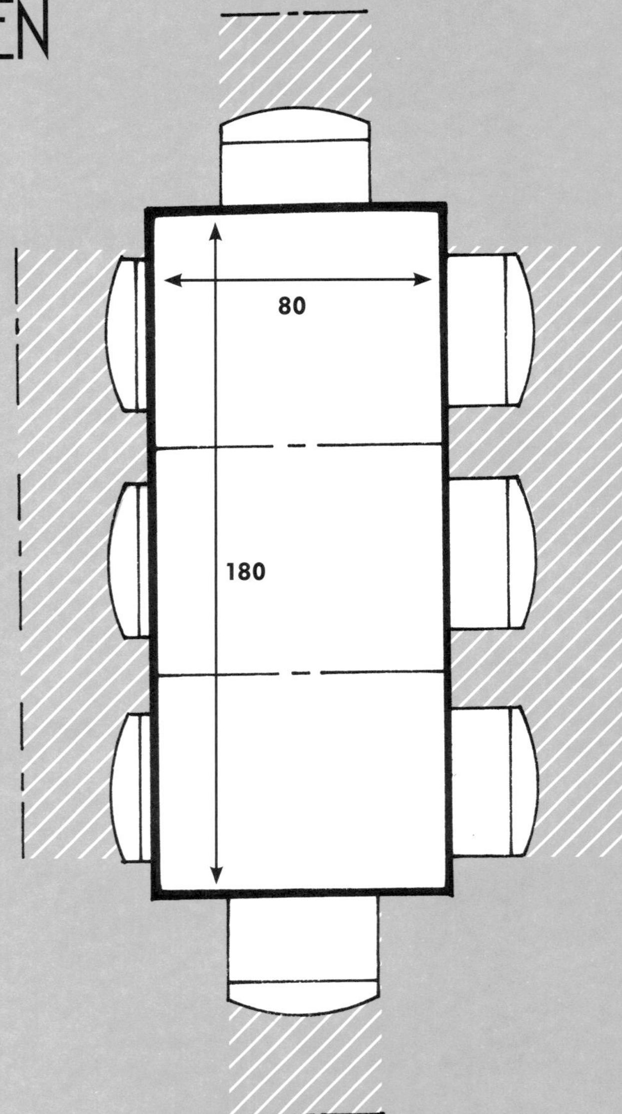

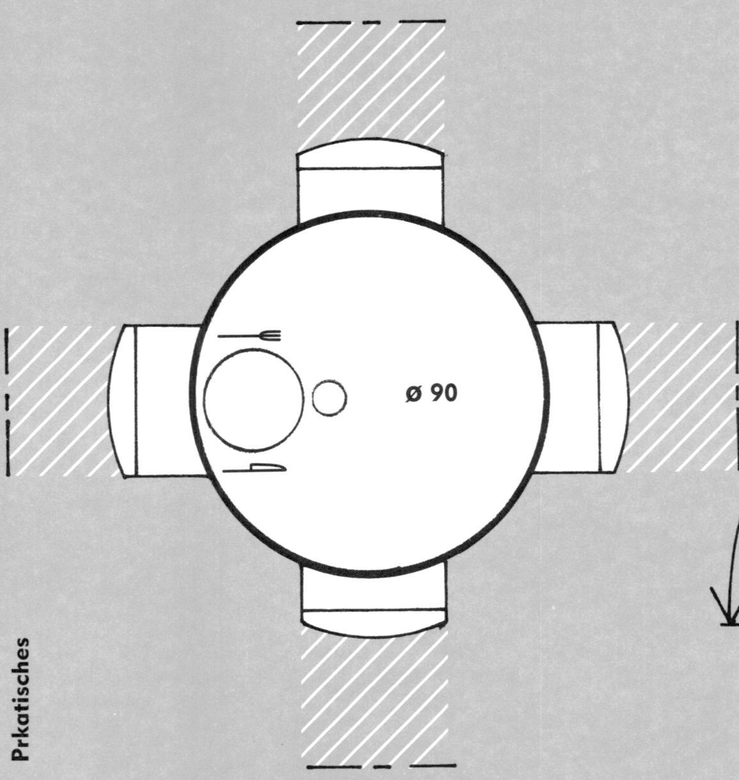

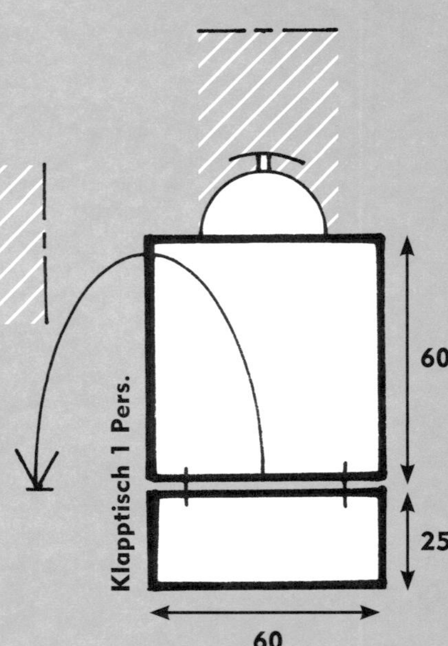

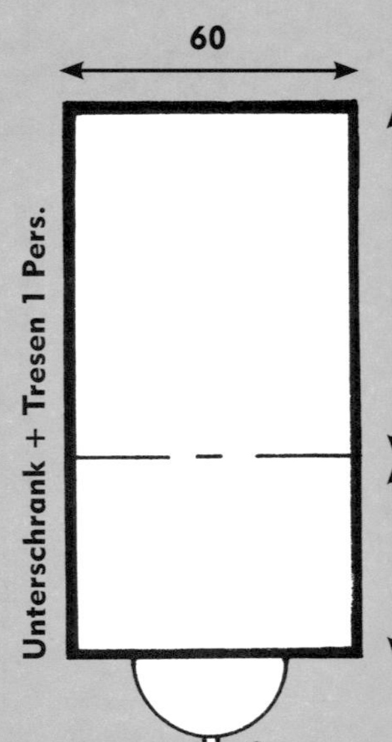

Rundes Spülbecken
Spüle mit 1 Becken
Spüle mit 2 Becken
70
70
80
120
Backofen
Geschirrspülmaschine
Kühlschrank/
Gefrierschrank
Kochfeld/Herd
70
60
90
Unterschrank
Kochfeld/Herd
70
60
70
60
Eckschrank
Oberschrank
70
70
37
60
Drehkreuz
70
130

ADRESSVERZEICHNIS

► BAUMÄRKTE UND BASTELGESCHÄFTE

Bauhaus
Tel.: 0800-3905000
www.bauhaus.info

Globus
Tel.: 06898-515 0
www.globus-baumarkt.de

Habitat
Tel.: 0231-7254830
www.habitat.de
Einige schöne moderne Küchen und zahlreiche Utensilien.

Hagebau
Tel.: 0180-5030003
www.hagebau.de

Hornbach
www.hornbach.de
Tel.: 06348-6000

Ikea
Tel.: 01805-353435
www.ikea.de
Eine große Auswahl an Küchen zum Selbstzusammenstellen, mit Hilfe eines Beraters und einer Umsetzung am Computer. Zahlreiche Utensilien und sogar Elektrogeräte.

OBI
Tel.: 01805-624624
www.obi.de

Praktiker
Tel.: 0800-1222122
www.praktiker.de

toom
Tel.: 0800-7763422
www.toom-baumarkt.de

► VERSANDHÄUSER

Otto
Tel.: 0180-53030
www.otto.de
Großes Versandhaus, alle Sparten, darunter auch Wohnen, Baumarkt, Deko, Elektro- und Großgeräte.

Neckermann
Tel.: 0180-55414
www.neckermann.de
Wohnen, Haushalt, Garten- und Baumarkt.

Quelle
Tel.: 0180-53100
www.quelle.de
Wohnen und Haushalt, Möbel, Deko, Haushaltsgeräte usw.

Westfalia
Tel.: 0180-5303132
www.westfalia.de
Traditionsversandhaus für Werkzeug, Elektronik, Haus und Garten usw.

► KÜCHENHÄNDLER

Da es unmöglich ist, im Rahmen dieses Buches alle deutschen Küchenhändler und -hersteller aufzulisten, hier eine kleine Auswahl. Vielleicht gibt es ja Filialen und Küchenstudios in Ihrer Stadt?

Alma Küchen Alois Meyer GmbH & Co. KG

Asmo Küchen GmbH

Astroh Küchenhaus GmbH & Co. KG

Bulthaup Küchen

Dross & Schaffer Küchenfachhandel GmbH

Förde Küchen GmbH & Co. KG

Innova Küchen GmbH

Küchen Keie GmbH

Küche & Co. Franchise GmbH

Küchen Aktuell GmbH

Küchen Mega Markt GmbH

Marquardt Küchenmöbel GmbH & Co. KG

Meda Küchenfachmarkt GmbH

Mega Küchenfachmarkt GmbH & Co. KG

Küchen Meyer GmbH

Plana Küchenland Vertriebs GmbH

Reddy Küchen & Elektrowelt GmbH & Co. KG

Schmidt Küchen GmbH

Varia Franchise GmbH

Vesta Küchenfachhandels GmbH

VIP Einbauküchen Vertriebs GmbH

▶ ARMATUREN

Dornbracht
Tel.: 02371-4330
www.dornbracht.com

Grohe
Tel.: 0571-3989333
www.grohe.de

Hansgrohe
Tel.: 07836-510
www.hansgrohe.de

Jado
Tel.: 0228-5210
www.jado.com

Steinberg
Tel.: 0211-5202490
www.steinberg-armaturen.de

▶ WAND- UND BODENBELÄGE

FLIESEN

Deutsche Steinzeug AG
Tel.: 0228-3911006
www.deutsche-steinzeug.de

Korzilius
Tel.: 02623-6090
www.korzilius.de

Osmose
Tel.: 02602-6880
www.osmose-baukeramik.de

Villeroy und Boch
Tel.: 06864-810
www.villeroy-boch.com

PARKETT UND ANDERE BODENBELÄGE

BELO Parkett
Tel.: 02428-90450
www.belo-parkett.de

Bembé Parkett
Tel.: 07931-9660
www.bembe.de

Bona
Tel.: 06431-40080
www.bona.com

Forbo Bodenbeläge
Tel.: 05251-18030
www.forbo-flooring.de

Friedola
Tel.: 05651-3030
www.friedola.de

Haro
(Hamberger Industriewerke GmbH)
Tel.: 08031-7000
www.haro.de

Meyer Parkett
Tel.: 0043-3135-5020
www.meyerparkett.at

MOSO Bambus
Tel.: 0031-229-265732
www.moso-bambus.de

Tarkett
Tel.: 06233-810
www.tarkett-floors.com

►ELEKTRO- und HAUSHALTSGERÄTE

AEG Electrolux
www.aeg-electrolux.de

Bauknecht
www.bauknecht.de

Bosch
www.bosch.de

De Dietrich
www.dedietrich.com

Gaggenau
www.gaggenau.com

Krups
www.krups.de

Liebherr
www.liebherr.de

Miele
www.miele.de

Neff
www.neff.de

Siemens
www.siemens.de

Whirlpool
www.whirlpool.com

► KÜCHEN-ACCESSOIRES UND KLEINGERÄTE

Bodum
Tel: 04191-99830
www.bodum.com

Fissler
Tel.: 06781-4030
www.fissler.de

Silit
Tel.: 07371-1890
www.silit.de

WMF
(Württembergische Metallwarenfabrik AG)
Tel.: 07331-251
www.wmf.de

► BELEUCHTUNG

Auch in dieser Kategorie ist es nur schwer möglich, eine Liste zu erstellen, die die meisten Hersteller berücksichtigt. Deshalb eine alphabetische Auswahl, die keinen Anspruch auf Vollständigkeit erhebt:

AEG Lichttechnik

ANSORG Lichttechnik

ASMUTH Lichttechnik

BAULMANN Lichttechnik und Leuchten

bega Lichttechnik

CP-LICHT DESIGN

Hellux Leuchten

hoffmeister Lichttechnik

KBS-Technik

KOTZOLT Lichtdecken, Designleuchten, Strahler und Downlights

MISSAL Lichttechnik

milano Lichttechnik

mmco Lichttechnik

OSRAM Allgemeinbeleuchtung

OTTERPOHL Lichttechnik

OVERDICK Lichttechnik

SEDITEX Leuchten und Lichtdecken

Starlicht Lichttechnik

STENG LICHT Lichttechnik

Radium Lampenwerk

reggiani Italienischer Hersteller für Lichttechnik

ridi Lichttechnik

Ritto Lichttechnik

TRIO-Leuchten Lichttechnik

trilux Lichttechnik

VIVALUX Lichttechnik

DANKSAGUNG

Natacha Alexandre, Patrick Ballan, Juliette und Pierre Berger, Gilles Berger, Claude Bonnin, Jacques Boy, Hélianthe und Patrick Cabaroc, Brigitte und Maurice Chalom, Gabriel Debi-Schwebel, Brigitte und Christophe Delpech, Aude d'Ortho und Lionel Desneux, Judith Dessons, Valérie Flamand, Éléonore Gerbier, Isabelle Gonnet, Audrey Kerdoncuff, Christina Zonca, La Guérandière (www.guerande.fr), Philippe Leray, Sophie Lévitte, Sandrine Lhairaud und Stéphane Claret, Jean-Philippe Madier, Virginie und Bruno Martin, Olivier Perrot, Dominique Pidance und Alain Le Bahl (Architekten), Karine Quédreux, Marie-Liesse Richard, Josée Valzer und Bruno Renaudat, Safée-Dléfée (www.safee-dlefee.com), Alain Scazzola, Franck und Cécile Schmitt, Jerry Schael (Architekt), Isabelle Lafuma und Thierry Scharf, Freddy und Cathy Tavard, Geneviève Thomas und Guillaume Dubois, Armelle Vannier.

Fleurus Idee is an imprint of Fleurus Verlag

Illustrationen: Virginie Jacot
Grundrisse: Guillaume Maillet und Virginie Jacot

Übersetzung aus dem Französischen:
Tanja Köster (für akapit Verlagsservice)

Redaktion und Produktion der deutschen Ausgabe:
akapit Verlagsservice, Berlin – Saarbrücken

Umschlaggestaltung:
MWK, Köln

ISBN 978-3-89717-575-4

Printed and bound in October 2008
by Book Partners China Ltd.

10 9 8 7 6 5 4 3 2 1